문맥으로 읽는 산상 설교

문맥으로 읽는 산상 설교

초판 1쇄 인쇄 2011년 10월 5일
초판 1쇄 발행 2011년 10월 12일

지은이 | 한종현
펴낸이 | 송삼용
펴낸곳 | 개혁주의영성아카데미
출판등록 | 제2011-37호

출력 | 훈컴
인쇄 · 제본 | 성준프린팅

주소 | 서울시 금천구 독산로 256, 3층
전화 | 070-8775-2633 이메일 | brentry@hanmail.net

잘못되거나 파손된 책은 구입하신 서점에서 바꿔드립니다.

ISBN 978-89-966275-3-1

문맥으로 읽는 산상 설교

희년 공동체를 꿈꾸시는 언약의 주

한종현 지음

차례

들어가는 말

의란 무엇입니까? 무엇이 바른 것이고 어떻게 하는 것이 하나님께 인정받을 수 있는 것입니까? 정의란 무엇이고 공의는 무엇입니까? 구원 얻기에 합당한 의란 또 다른 어떤 것입니까?

저의 견해는 이것입니다. 하나님의 다스림을 받아 그 말씀에 순종하여 사는 삶은 의롭습니다. 그분의 말씀에 순종하는 일은 그분의 성품과 마음을 따르는 일입니다. 말씀은 그 말씀을 하신 이의 마음과 성품을 고스란히 반영하기 때문입니다. 그러므로 의란 하나님 나라에 합당하여, 그 성품을 따르고 닮는 전반적인 삶의 활동을 말합니다.

의가 하늘의 언어(혹은 방언?)로 규정되면서, 믿음으로 말미암는 의란 상상 속에 존재하는 '투명 망투'와 같이 실생활에서 자리를 차지하지 못하는 것 같습니다. 이것이 믿음의 왜곡과 궤변[1]만이 무성하게 된 이유가 아닐까요? 하나님의 의로우심은 말씀하시고 사역하시는 그분

1　믿음으로 말미암는 의와 생활 속의 의 사이에 존재하는 공간을 염두에 둔 말이다. 의에 대한 이원론이라 할까? 하늘의 의와 땅의 의가 서로 달리하여 두 차원으로 존재하게 된 것 같다.

의 활동 속에서 인지(계시)된 것이지 추상적 관념의 산물이 아닙니다. 따라서 삶의 언저리에서 변죽만 울리는 '의'란 예수님의 '의'와는 궤적을 달리합니다. 예수님의 '의'는 삶의 정상에 우뚝 서서 빛으로 나타나는 것이고 세계인의 긍정적 반향을 자아냅니다.

구원은 있는데 구원 이후가 없습니다! 성도들의 삶을 한마디로 대변해줍니다. 구원의 감격과 그 은혜에 마음이 뜨거워져 예배의 자리로 나오지만 거기가 종착지요 목적지가 되고 맙니다. 목회자는 빠른 시일 내에 신도를 모아 예배당을 건축하는 일이 하나님께 영광을 돌리는 일이기에 한결같은 염원이요 목표가 됩니다. 목회자의 간증은 이 범주를 넘어서지 못하지요.

성도에게 주일예배 드림은 하나님의 영광을 위하는 일이기에 목숨을 걸 목표가 됩니다. 자연스레 성도의 간증 또한 이 범주를 넘어서지 못하지요.

이것은 모두 '의' 없음에 대한 표식으로 교회는 절체절명의 위기에 빠져 든 것입니다. 의를 잃어버린 교회는 생명을 잃은 것과 같습니다.

참으로 그러합니다! 한국 교회는 이리저리 날뛰다가 제 풀에 지쳐 주저앉은 고삐 풀린 망아지와도 같습니다. 은사의 광풍이, 성경공부의 열풍이, 중보기도의 장풍이, 전도의 태풍이, 찬양의 폭풍이 휩쓸고 지나간 사이로 탈진한 목회자와 성도의 심정에 진한 회의감만 찾아 듭니다. 이것이 신앙일까요? 이것이 하나님의 역사일까요?

신앙을 예배와 프로그램에 한정하려고 하는 한, 교회는 스스로 퇴보하게 될 것이 분명합니다. 의가 주입되기 전까지 그 어떠한 것도 죽음의 진행을 막을 수 없습니다.

오늘날 교회가 사회로부터 배척 받고 짓밟히는 이유가 무엇입니까? 세속 도시를 탓하며 여러 가지를 들어 변명할 수 있겠습니다. 하지만 주된 원인에 '의' 없음이 자리하는 것은 그 무엇으로도 핑계 댈 수 없습니다. 대통령의 서울시 봉헌 파문, 봉은사 땅 밟기 기도와 관련된 해프닝, 어느 대형 교회의 교회 건축 계획 등, 이기심과 교조적인 행태로 좌충우돌하였습니다. 심지어는 사회 분열세력으로 비난 받기에 이르렀습니다.

"우리가 무엇을 하리이까?"(눅 3:12).

교회는 세례 요한 앞에 나온 무리들처럼 물어야 합니다. 그리고 목회자는 회개에 합당한 열매 맺는 삶을 설교해야 합니다. 그리하여 '모든 사람과 더불어 화평함과 거룩함을 따르는[2]' 주의 자녀 된 삶이 회복되어야 합니다. 간결한 예배의식, 세련된 기도, 그리고 열정적 찬양과 맛깔스러운 설교가 잘 연출된 예배 쇼에 머물지 말아야 합니다.

예수님의 산상 설교를 의에 목말라하는 현대인들에게 시원한 샘물로 소개함을 기쁘게 생각합니다. 하나님의 의에 대한 좋은 자료가 되어 구원 이후 성도의 삶은 어떠해야 하는지, 어떻게 살아야 되는 것인지, 두고두고 되새김질하게 되기를 바랍니다. 특별히 단락 분석의 과정을 상술한 것은 한 편의 자기 생각이나 묵상 글의 범주로 치부되어 버리는 위험을 사전예방하기 위함입니다. 본문은 하나지만 내용은 천

---

2 모든 사람과 더불어 화평함과 거룩함을 따르라 이것이 없이는 아무도 주를 보지 못하리라(히 12:14).

차만별인 설교는 농담처럼 여겨지지 않습니까? 작금의 실상을 아파하면서 본문이 전하는 참 의도(또는 주제)에 대해 고민하는 목회자와 성도들 모두에게 이 책이 좋은 자료가 되었으면 합니다.

산상 설교는 전체로서 하나님의 의에 대하여 말씀합니다. 하나님의 의, 더 나은 의, 구원 얻기에 합당한 의란 무엇인가를 정의하면서 유대교가 왜 그 의로부터 벗어나게 되었는지, 그리고 그것을 극복할 방도는 무엇인지를 말씀합니다.

또한 전체 글의 핵심은 주기도문에 있는데, 의에 합당한 삶의 실체를 간단명료하게 드러내줍니다. 그러므로 오늘날 교회는 산상 설교를 통하여 하나님의 의에 대하여, 그리고 구체적인 삶에 대하여 귀한 가르침을 얻게 될 것입니다.

표 1 | 산상 설교 전체 구조

산상 설교

의' 선언	
의 1(의의 출발)	의 2(의의 완성)
심령이 가난하고	긍휼히 여기고
애통하여	마음이 청결하여
★ (죄의 각성)	(사심없음)
온유함에 이른다	평화에 이른다
∴ 제자들은 의의 행실로써 세상에서 각자의 믿음을 드러내야 한다!	

유대종교 분석	
서기관의 의의 가르침(5:21~48)	바리새인의 의의 실천(6:1~18)
자기의'에 배불러	사심을 품어(재물욕)
자만심에 빠짐으로	외식적 행함으로
(이웃 정죄)	(자기 이익의 수단)
많은 이들이 신음하게 됨	소수만 행복함
∴ 이방종교화 내지 우상숭배로 전락!	

마음의 갱신	
자기의의 극복(7:1~12)	탐심의 극복(6:19~34)
비판적 내적성향에 이르는	외식에 이르게 되는
'자기 의'를 극복하라	삶의 '염려'를 극복하라
(하나님 본받음 – 온유함)	(하나님을 신뢰 – 평화)
∴ 하나님의 성품과 평화에 이름!	

결말
선택하라 : 분별 + 기억

제1부 누가 제자인가?

누가 제자인가에 대한 선포의 말씀입니다. 본 단락은 크게 두 부분으로 나뉘며, 각각을 해설하면 다음과 같습니다.

① 5:3~10 선포 1 | 의에 이르는 길

익히 알려진 팔복을 통하여 의로운 품성에 이르기까지의, 그리고 의의 공효(결과)를 이루기 위한 과정과 단계에 대해 언급합니다. 이로써 참된 하나님의 의에 대한 전반을 교훈 받습니다.

② 5:11~16 선포 2 | 제자의 사명

제자의 위치와 제자의 사명에 대해 간결하면서도 함축적으로 설명합니다. 예수님의 설명에 의하면 제자 됨에 있어서 가장 중요한 핵심은 의의 파지(把持)입니다.

1장 의에 이르는 길

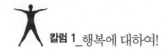

행복이란 무엇입니까?

오래 전부터 철학자들은 행복의 정확한 정의를 내리기 위해 고심해 왔다. 플라톤과 아리스토텔레스에서 달라이 라마에 이르기까지 위대한 사상가들이 이 문제에 매달렸다. 지금까지 나온 정의들을 보면 '결핍과 곤궁으로부터의 자유로움', '올바로 잡힌 사물의 질서에 대한 인식', '우주나 사회에서 자신의 위치를 확신하는 상태', 또는 '마음의 평화' 등이 있다.[3]

철학적 복잡성을 멀리하고 일반적으로는 만족감에서 강렬한 기쁨에 이르는 모든 감정 상태를 특징짓는 안녕(安寧)의 상태라 할 수 있겠습니다.[4] 흔히 마음에 미움이 없고 걱정이 없으면 행복하다고 하지 않습니까! 성경적으로는 '샬롬'의 상태가 됩니다.

오늘날의 세계에 있어서 돈은 모든 것을 보장합니다. 하고 싶은 모든 것을 가능하게 합니다. 모두가 부자가 되기를 소망하는 이유입니다. 부자란 단순히 돈이 많아서가 아니라고 합니다. 돈은 많지만 자신과 가정을 돌보지 못하는 불행한 사람도 많기 때문입니다. 하지만 일에 매이지 않고, 하고 싶은 일을 하며 사는 사람이 진정한 부자라고

---

3 리즈 호가드 지음, 이경아 옮김, 『영국 BBC다큐멘터리 행복』, 예담출판사, p.29
4 행복(幸福, Happiness)은 욕구와 욕망이 충족되어 부족함이나 불안감을 느끼지 않고 안심해 하는 심리적인 상태를 의미한다. 그 상태는 주관적일 수 있고 객관적으로 규정될 수도 있다(인터넷 위키백과).

할지라도, 든든한 재정이 뒷받침 되지 않는 부자란 생각해 볼 수 없습니다. 그렇기에 돈을 떠나 행복을 생각해 볼 수 없고 행복하려면 돈이 넉넉히 준비 되어야 합니다. 하고 싶은 일을 하며 산다는 것은 누구에게나 즐겁고 행복한 일이 아니겠습니까!

인사가 만사라지만 오늘날은 돈이 그러합니다. 그리하여 누구나 돈에 집착하지만 안타깝게도 행복할 만큼 돈을 모은 사람은 드문 것 같습니다. 아니, 돈은 충분해도 스스로 행복감을 가지고 사는 사람은 많지 않은 것 같습니다. 이것이 이 세계의 비극이지만, 복권에 당첨된 사람들 중 진정으로 행복하게 사는 이들이 얼마나 되겠습니까! 삶의 정상에서 마냥 행복해하며 머물 수 있는 시간은 과연 얼마나 되겠습니까! 돈을 모으기가 쉽지 않을뿐더러 모았다 한들 행복하지 않다면, 과연 돈과 행복이 무슨 상관이 있는 것입니까!

우리는 이미 알고 있습니다. 돈이 행복을 보장하지 않는다는 사실을. 피상적으로 그렇게 생각되어 집착하는 것일 뿐, 일종의 착시현상일 뿐 돈으로 행복에 이를 수는 없습니다.

쾌락은 행복이 아닙니다! 사람들은 행복과 쾌락의 차이를 종종 간과합니다. 쾌락이란 용어는 주로 자연적으로 도취된 기분을 지칭합니다. 신경전달물질인 '도파민'은 음식, 섹스, 약물과 기타 쾌락자극 물질에 반응해 뇌에서 분비됩니다. 그래서 도파민은 뇌의 쾌락물질이라고 불리어집니다. 쾌락은 동물적인 감각이 순간적으로 왔다가 빠르게 사라지는 것입니다. 쾌락을 경험하면 일시적으로 기분이 좋아질 뿐, 결국에는 자극의 정도를 높이거나 새로운 자극원을 찾게 될 뿐입니다. 하지만 행복은 장기간에 걸친 내적 감정을 지칭하는 용어로, 잘 살

고 있다는 느낌을 의미합니다.[5]

행복은 그래서 의미가 중요하고 관계가 중요합니다. 스펜서 존슨이
쓴 『행복』이란 책을 읽어본 적이 있습니까? 여기, 그 책에 실렸던 자가
진단을 위한 질문을 그대로 옮겨봅니다. 한번 스스로를 진단해보기
바랍니다.

당신은 지금 행복하십니까?

나는 가족과 친구들의 행복에 대해서 늘 책임을 느끼고 그들의 행복을 위해 노력
하고 있다.   예 □   아니오 □

나는 일뿐만 아니라 함께 일하는 동료들도 늘 소중하게 생각한다.
                                                        예 □   아니오 □

나는 가족, 친구, 일을 소중하게 생각하는 만큼 나 자신에게도 시간을 할애하
고 있다.   예 □   아니오 □

나는 시야를 넓히고 인생을 대하는 마음가짐을 가다듬으며 나 자신을 발전시키
기 위해 매일 얼마간의 시간을 투자하고 있다.   예 □   아니오 □

나는 스스로를 긍정적으로 바라보며 좋은 감정을 가지고 있기 때문에 가정이나
직장에서 사람들과 건설적인 관계를 형성하고 있으며, 나 자신과도 좋은 관계를
유지하고 있다.   예 □   아니오 □

행복이 쾌락으로 대치되어서는 곤란합니다. 돈은 우리에게 쾌락을

보장할 수는 있지만 행복까지 보장하지는 않습니다. 그렇기에 오늘날 어린 학생으로부터 청년 대학생에 이르기까지 모두가 이구동성으로 '돈'타령하는 사회풍조는 대단히 우려할만합니다. 돈은 좋은 수단과 방편을 제공한다는 측면에서 소중할 뿐 그것 자체로는 가치와 목적이 될 수 없습니다.

오늘날 뇌 과학이 발전하면서 행복은 하나의 선택에 따른 결과일 뿐이라는 의식이 사회전반으로 확산되고 있습니다. 행복과 불행의 차이는 단지 느껴지는 정서상의 차이로 우리가 행한 '선택'의 결과일 뿐이라는 입장입니다. "인생사 마음먹기에 달렸다"는 말을 흔히 하듯, 행·불행을 삼라만상의 축소판인 마음의 일로 내면화합니다.

일부에서 21세기의 영적 스승으로 추앙하는 에크하르트 톨레는 이렇게 말합니다.[6]

불행의 첫째 원인은 결코 상황 그 자체가 아니라 그것에 대한 자신의 생각이다! 자신이 어떻게 생각하는가가 대부분의 자신의 감정을 창조한다는 것을 기억하라! 행복을 찾아다니지 말라. 만일 그것을 찾아다니면 발견하지 못할 것이다. 찾아다닌다는 것은 행복과 대립된 위치에 있는 것이기 때문이다. 행복은 언제나 교묘히 달아난다. 하지만 불행으로부터의 자유는 지금 이 순간 얻을 수 있다. 이야기(변명)를 만들어내는 대신 있는 그대로와 마주함으로써 그것이 가능하다. 불행은 내면의 건강과 평화라는 자연스런 상태를 막아버린다. 그 자연스런 상태가 진정한 행복의 원천이다.

---

6   에크하르트 톨레, 류시화 옮김, 『NOW 행성의 미래를 상상하는 사람들에게』, 조화로운 삶, p.117~118

마음의 중요성에 천착하는 이들에게 '명상'은 선풍적인 인기를 끕니다! 사람들은 더 이상 행복을 외부세계에서 찾지 않게 되었고 비록 아직은 미미하지만 내면의 깊은 마음의 사색에서 찾으려 합니다. 이것은 사회의 진보라고 긍정적인 시각에서 이해될 수도 있겠지만, 한편으로는 기독교인으로서의 사명 – 어거스틴이 로마제국의 몰락을 보며 가졌을 무거운 사명과 비교한다면 건방질까요? – 을 깨닫게 됩니다.

　오늘날 과학의 진보는 명상으로 대변되는 '영성'의 시대를 불러왔습니다. 그것이 곧 기독교의 쇠퇴를 가속화하는지도 모르겠습니다. 몇 년 전 현각 스님의 『만행 – 하버드에서 화계사까지』라는 책은 우리 사회에 큰 충격을 주었습니다. 불교 수행은 더 이상 과거의 누더기 옷이 아니었습니다. 새 시대의 구도자가 입어야 할 '가사'가 되었습니다. 참선 수행과 명상! '영성'에 대한 사회적 관심은 쓰나미에 비견되며, 자연스러운 결과이겠지만 불교에 대한 인식이 새로워지게 되었습니다. 인생에 대해, 참된 행복에 대해 사람들은 묻기 시작했고 참선(또는 명상)으로 인도 받습니다!

　과학은 훌륭한 토대를 제공할뿐더러 더 큰 영감을 불러일으키는 영성 공작소[7]가 되어 『시크릿』이라는 전 세계적인 센세이션을 초래합니다. 생각은 에너지다! 마음에 생각하는 대로 된다는 '끌림의 법칙'에 세상은 흥분하였고, '명상'이 교회의 중요 자산인 '기도'를 대신하게 된 것 같습니다.

　사실 우리의 기도 행위에 대단히 실망스러워 개탄하지 않을 수 없

7　저자는 '양자역학'을 염두에 두고 진술한 것이다.

는 입장에서, 차라리 명상은 어떨까 하는 의혹(?)을 떨치기가 쉽지 않은 것도 사실입니다. 성찰이 없는 기도, 필요만을 구하는 식의 기도! 우리는 기도하며 다투고 증오하며 분리하는, 변화 없는 기도의 홍수 속에 거하는 것 같습니다. 교회의 기도는 오래된 농담처럼 이제는 새로울 것도 없습니다!

이 시점에서 우리의 교훈을 점검해야 하겠습니다. 시대사조에 칼날을 들이대기 전에 우리의 것이 무엇인가를 분명히 정의하고, 그것을 교회가 따르고 세상과 나누어야 하겠습니다. '사랑하라, 그리고 원하는 것을 하라'는 어거스틴의 말이 우리의 생활을 훌륭히 요약하듯, 우리의 것을 명확히 하여 세상과 소통하는 데까지 나아가야 하겠습니다! 이제 전개될 모든 내용은 여러분 모두를 위한 것이요, 세상에 전할 교회의 중요 자산입니다. 모두들 행복하길 바랍니다!

1-1 팔복이 말하는 복

산상 설교는 인류의 자산처럼 소중히 여겨집니다. 세상 종파와 교단을 초월하여 인용되고 논의됩니다. 예수님은 인류의 스승(?)으로 자리매김 됩니다. 그러나 내용 이해에 있어서는 오해되는 바가 적지 않습니다. 예수님의 주된 가르침이 오해되는 것은 그만큼 교회의 손실이며 안타까움입니다. 하지만 교회 내에서조차 오해되는 것은 안타까움을 넘어 심각한 일이 아닐 수 없습니다.

팔복은 복에 대하여 말합니다. 예수님이 말씀하시는 복은 그 용례를 보아 쉽게 파악됩니다. 복된 이유를 종합해 보면, 하나님의 통치와 관련됩니다. 즉 하나님의 통치와 다스림의 영역 안에 거하는 자의 '복'을 말합니다. 이와 관련해서 모세의 음성을 들어보겠습니다.

이스라엘이여 **너는 행복한 사람이로다** 여호와의 구원을 너같이 얻은 백성이 누구냐(신 33:29).

내가 오늘날 네 행복을 위하여 네게 명하는 여호와의 명령과 규례를 지킬 것이 아니냐(신 10:13).

언약 백성으로서 하나님의 돌봄을 받음이 복입니다. 이스라엘의 행복은 언약적 다스림과 돌봄을 벗어나 다른 것에 있지 않았습니다. 그러므로 '복되다'(행복하다)고 선언하는 모세의 음성과 예수님의 음성은 서로 같은 것임을 깨닫습니다. 사도 바울 역시 마찬가지입니다.

> 일한 것이 없이 하나님께 의로 여기심을 받는 사람의 복에 대하여 다윗이 말한 바 불법이 사함을 받고 죄가 가리어짐을 받는 사람들은 복이 있고 주께서 그 죄를 인정하지 아니하실 사람은 복이 있도다 함과 같으니라(롬 4:6~8).

죄에서의 해방은 하나님의 다스림 안으로의 진입을 의미하고 언약 백성이 됨을 지시합니다. 바울 사도는 이러한 진입과 회복이야말로 참된 복이라고 보았던 것입니다. 정죄와 형벌은 모두에게 얼마나 저주스러운 것입니까? 하지만 돌봄은 모두를 행복하게 합니다. 사도의 말에 공감하게 됩니다.

예수님은 이 구원을 선물하고자 골고다 언덕을 오르셨습니다. 새 언약의 중보자가 되어 친히 무흠한 제물이요, 대제사장이 되셔서 옛 언약을 갱신하셨습니다. 이제는 예수 믿음에 동참하는 사람은 누구든지 새 언약의 백성이 되어 하나님의 다스림을 받습니다. 행복은 성도의 것입니다!

행복에 대한 논의는 바로 이 지점에서 시작되어야 하겠습니다. 이것이 세상과 다른 출발선과 토대입니다. 과학이 토대가 되어 진작되고 있는 '마음먹기'에 의존한 행복론을 뒤로하고 하나님 의존적 사색에서 시작되어야 하는 이유입니다.

글의 구조를 보면 다음과 같습니다.

3절 복이 있나니 <u>천국이 그들의 것임이요</u>

4절 복이 있나니 그들이 위로를 받을 것임이요

5절 복이 있나니 그들이 땅을 기업으로 받을 것임이요

6절 복이 있나니 그들이 배부를 것임이요

7절 복이 있나니 그들이 긍휼히 여김을 받을 것임이요

8절 복이 있나니 그들이 하나님을 볼 것임이요

9절 복이 있나니 그들이 하나님의 아들이라 일컬음을 받을 것임이요

10절 복이 있나니 <u>천국이 그들의 것임이라</u>

8가지 복이 나열됩니다. 서로 상이하게 표현되지만, 그 의미에 있어서는 동일한 하나를 지시합니다. 그 하나의 복은 천국입니다. 특별히 3절과 10절이 동일하게 진술되어 있으며 그래서 핵심 제재인 '천국'으로 열고 닫은 하나의 단락임을 알게 됩니다.

천국은 하나님의 통치요, 하나님의 다스림을 말합니다. 그러니 팔복은 하나님의 다스림과 통치 아래 있는 이들이 복되다는 예수님의 선언적 말씀이 됩니다. 그러나 중요한 것은 하나님의 다스림과 통치의 특성에 있습니다. 지도자의 리더십에 따라 통치 스타일은 달라집니다. 언약 주의 리더십과 그 통치의 색깔은 무엇입니까? 팔복은 이것까지를 말씀하고 있기에 다음 주해는 이 점을 중심으로 하여 살펴보게 될 것입니다.

1-2 팔복이 말하는 의

팔복은 '길라잡이'와 같아서 산상 설교 전체를 조망할 수 있도록 해 줍니다. 어떤 이들은 팔복을 서둘러 지나쳐 여섯 반제나 주기도문에 많은 시간을 할애합니다. 하지만 이것은 나침반 없이, 지도 없이 오지를 탐험하는 것과 같아서 미로를 헤매다 진리로부터 멀어져 갈 뿐입니다.

여러분은 팔복을 어떻게 읽었습니까? 많은 경우 팔복의 하나하나를 나열하듯 설명하는 방식을 취하고 있는데, 이는 대단히 우려할만한 해석입니다. 예수님은 그저 백과사전식으로 정보를 나열한 것이 아닙니다. 공교한 구도 속에 핵심 가치와 사상을 담아냈기 때문입니다. 그러므로 일관된 주제 하에 구성된 한 편의 글로 읽혀져야 합니다.

팔복은 은유와 상징적 표현들로 엮어진 한 편의 시와 같습니다. 문장은 간결하고 의미는 압축되어 있습니다. 그만큼 해석에 어려움이 따릅니다. 하지만 절제된 글일수록 해석을 위한 지침 또한 제공함을 미덕으로 하지 않습니까! 팔복 자체가 산상 설교 전체를 위한 길라잡이가 아니었습니까! 팔복의 해석은 그 자체에 구성된 지침을 따라 섬세하게 다루어져야 합니다.

팔복의 해석틀

팔복을 해석할 때는 다음의 두 가지 사항을 유의하여야 합니다.

1) '의'의 반복

팔복은 2등분 됩니다. 아래 도표가 보여주듯 개개의 항목들은 한 번 진술되지만, 유독 '의'만큼은 반복됩니다. 이것은 팔복의 중심(핵심 제재)이 무엇인지를 알려주는 단서가 됩니다.

팔복은 의를 정점으로 하여 서로 관계를 맺습니다. '의'는 팔복 단락뿐 아니라 산상 설교 전체에 핵심 제재가 됩니다. 20절의 '너희 의가 …더 낫지 못하면 결단코 천국에 들어가지 못하리라'에서 의는 천국의 진입 여부를 판가름합니다. 또 6장 1절 '사람에게 보이려고 그들 앞에서 너희 의를 행치 않도록 하라'와 33절 '너희는 먼저 그의 나라와 그의 의를 구하라'처럼 6장 전체는 의에 대하여 진술합니다.

이어 7장에서는 '아버지의 뜻대로 행하는 자라야' 천국 입성이 가능하다고 말합니다. 여기 '아버지의 뜻대로 행한다' 함은 5장 20절의 '더 나은 의'를 말합니다. 그러므로 산상 설교 전체가 의에 대하여 말하며 팔복은 이를 앞서 지시해 줍니다!

2) 내부논리

백과사전식 나열이 아니라면 그 배열 자체에 '논리'가 존재합니다.

① 의의 첫 번째 차원

'심령의 가난에서 출발하여 애통함을 거쳐 온유함에 이른다!'

무슨 말입니까? '의가 없음'을 깨닫는 자는 애통함으로 하늘을 향하는 것입니다!(사 66:2) 그렇게 하늘의 자비에 호소하는 이들이라면 겸비하여 온유한 모습으로 나타날 수밖에 없습니다. 그러므로 죄를 깨닫는 일은 생명 얻는 회개와 직결된 중요한 문제이며, 절대 이전과 같을 수 없게 됩니다.

베드로 사도가 말한 바, 하늘 성품에 참여하는 자들은 바로 이러한 사람들입니다.

> 이로써 그 보배롭고 지극히 큰 약속을 우리에게 주사 이 약속으로 말미암아 너희가 정욕 때문에 세상에서 썩어질 것을 피하여 신성한 성품에 참여하는 자가 되게 하려 하셨느니라(벧후 1:4).

'온유함'이란 하늘 아버지의 대표적 성품이기 때문에 이들은 '의로운' 하나님의 자녀들이 됩니다! 그들은 짐승의 마음이 아닌, 하늘 아버지의 마음이 부어진 하나님의 자녀들입니다.

첫 번째 논리는 다음과 같이 정리되겠습니다. '자기 자신의 죄 됨을 깨달아 애통해하며 신의 성품에 참여하는 자는 하나님 앞에 의롭다.'

예수님은 눅 18장에서 하나님 앞에서의 '의'를 비유(바리새인과 세리의 기도)로 말씀하셨다. 비유에 따르면, 죄를 각성하고 있는 자, 그래서 하나님께 다만 자비를 구하고 있는 세리가 하나님 앞에 의로운 것으로 판결되어진다. 왜일까?

자신을 의롭다고 믿었던 바리새인이 등장한다. 그는 하나님 앞에서 세리를 정죄하며 무시한다. 바로 여기에 힌트가 있다! 하나님의 뜻과 소원은 죄인 한 명이 회개하고 돌아오는 것이다. 자칭 의롭다고 하면서 회개하며 돌아오는 이들을 막아서고 멸시하는 이들은 하나님과 정면으로 대치함을 알아야 한다. 더 근본적으로는 어느 인생도 하나님의 긍휼로 말미암아 그분 앞에 설 뿐이지 자신의 의로움으로 설 수 있는 것이 아님을 깨달아야 한다.

② 두 번째 의의 차원

'긍휼로 시작하여 화평으로 종결됩니다!'

의의 실천자들은 누구인가요? 사회나 민족, 여타의 공동체 속에 평화를 가져 오는 이들은 의의 실천자가 됩니다. 그러므로 평화의 열매를 맺기까지 자신을 단속하며 지키는 일이 중요합니다. 공동체가 평화에 이르기까지는 결코 쉬운 일이 아닙니다. 지구 공동체가 갈등과 분쟁으로 몸살을 앓고 있는데, 이것은 비단 남의 이야기에 불과한 것입니까? 아닙니다. 가정에서, 직장에서, 크고 작은 모든 모임과 관계 속에서 쉽게 경험되는 우리 자신의 이야기입니다. 평화는 저절로 열매를 맺지 않습니다!

예수님은 두 가지를 말씀하십니다. 첫째, 자비를 실천하는 일입니다. 평화에 이르기 위하여 구성원 각자가 선을 실천하는 것은 당연합니다. 하지만 중요한 것은 이것입니다. 자비를 실천하는 이들의 마음에 '청결함'이 확보되는 일입니다. 개혁자의 열정이 탐욕으로 일그러지게 된 예를 쉽게 찾을 수 있습니다. 그러한 부패와 타락은 정도의 차이는 있겠으나 이미 경험된, 그래서 누구도 떳떳할 수 없는 우리의 일입니다. 그러므로 평화에 이르기 위하여 청결한 마음은 대단히 중요합니다. 구성원 각자가 마음의 청결함(사심 없음)을 견지할 때 평화의 열매는 맺어질 것이며 하나님의 이름은 영화롭게 될 것입니다(참고 5:16).

두 번째 차원의 논리적 의미는 다음과 같습니다. '공동체를 향한 의의 실천자들은 청결한 마음으로 공동체에 평화를 이룬다.'

예수님은 마 25장 '양과 염소'의 비유를 통하여 의의 실천 시 무엇이 중요한지에 대하여 말씀하신다. 이 비유를 보면 무엇이 의로운 행실인가에 대하여 읽는 즉시 알게 된다. 그것은 긍휼의 사역이다. 곤궁한 처지에 있는 이웃을 불쌍히 여기며 자비를 베푸는 사람들을 여기서 발견할 수 있기 때문이다.

그러나 예수님의 진정한 메시지는 그것에 있지 않다! 양(우편에 있는 자들)은 긍휼사역을 했고, 염소는 긍휼사역을 하지 않았다! 성경은 그렇게 기록되지 않는다. 왼편에 있던 자들이(염소) 긍휼사역을 회피했다고 단정지어서는 안 된다.

저희도 대답하여 가로되 주여 우리가 어느 때에 주의 주리신 것이나 목마르신 것이나 나그네 되신 것이나 벗으신 것이나 병드신 것이나 옥에 갇히신 것을 보고 공

양치 아니하더이까(25:44).

염소들 또한 주님이 기뻐할만한 일에 어떤 형태로든 열심히 헌신한 것으로 보인다. 그러므로 문제의 본질은 자비를 베풀었는가에 놓여 있는 것이 아니다.

문제의 본질은 '청결한 마음'에서 행해졌는가에 있다. 그 단서가 '지극히 작은 자'라는 말씀이다. 지극히 작은 자에 대한 우리의 태도는 우리가 정말로 청결한 마음의 소유자들인가, 아니면 그렇지 못한가를 여실히 드러낸다!

양은 하나님의 마음을 품어 그 자비에 동참한 것이다. 지극히 작은 자 하나라도 그가 믿는 자라면, 그는 하나님의 자녀요 우리의 형제와 자매이다. 심지어 그가 감옥에 있다 할지라도 그는 하늘 아버지의 관심과 애정이 떠나지 않는 아버지의 자녀이다. 그 마음에 동참하여 하는 일에는 정죄가 없고 거절이 없다.

반면 염소들은 자기 이익과 유익의 차원에서 자비한 행위(6장에서 다룸)를 했을 뿐이고 그것은 하나님께 인정받을 수 없는, 사람에게 보이기 위한 위선적 행위일 뿐이다.

두 차원 각각을 정리하면, 하나님의 다스림과 통치의 특성 그리고 그 열매에 대한 정보를 얻습니다. 인생들이 경험하게 될 하나님의 의는 온유함으로 나타나 평화에 이르게 합니다. 그러므로 의인들은 하나님의 온유함을 지향하고 평화를 목표로 하게 됩니다. 그 나라에 합당한 의로운 삶의 길입니다.

의의 열매들

의에 두 차원이 있음을 알게 되었습니다. 예수님 또한 '의'를 서술하는 방식에 있어서 두 차원을 염두에 두셨습니다.

6절 의에 주리고 목마른 자는…

10절 의를 위하여 박해를 받은 자는…

두 층이 존재합니다. '주리고 목마른' 것은 '의'의 대양(大洋)인 하나님과의 관계성 속에서 고려될 수 있는 표현입니다. 반면 '박해를 받음'은 사회 공동체 안에서의 일을 묘사합니다. 그렇기에 그에 상응하는 열매 또한 달리 지시됩니다.

1)온유함

개인적 차원에서 의의 열매란 온유함입니다.

태도에 있어서 온유함은 메시야(구원자)의 대표적 성품으로 '상한 갈대를 꺾지 아니하며 꺼져가는 심지를 끄지 아니하는' 양순한 태도를 가리킵니다(마 12:20).

요한복음 1장은 예수님을 '은혜와 진리가 충만한' 분으로 증언(14절)합니다. 진리라고 하면서 은혜가 보이지 않는다면 그것은 가짜입니다. 은혜라고 하면서 진리가 아니면 그것 또한 가짜입니다. 예수님이 아니고 그분의 말씀이 아닙니다. 예수님 안에서 '은혜와 진리'는 서로 나뉘지 않으며 서로 통합됩니다. 이것을 '온유함'(마 11:29)으로 적시하고 있음을 알아야 합니다.

수고하고 무거운 짐 진 자들아 다 내게로 오라 내가 너희를 쉬게 하리라 나는 마음이 온유하고 겸손하니 나의 멍에를 메고 내게 배우라 그러면 너희 마음이 쉼을 얻으리니 이는 내 멍에는 쉽고 내 짐은 가벼움이라 하시니라(마 11:28~20).

하나님의 대표적 성품 또한 온유함입니다.

여호와께서 구름 가운데 강림하사 그와 함께 거기 서서 여호와의 이름을 반포하실새 여호와께서 그의 앞으로 지나시며 반포하시되 여호와로라 여호와로라 자비롭고 은혜롭고 노하기를 더디하고 인자와 진실이 많은 하나님이로라(출 34:5~6).

하나님을 대면한 자로서 모세는 온유함이 지면의 모든 사람보다 승하였다(민 12:3)고 합니다. 하나님을 대면한 자로서의 성품이란 하나님의 성품을 반영합니다. '곧 하나님이 땅의 모든 온유한 자를 구원하시려고 판단하러 일어나신 때에로다'(시 76:9) 하신 말씀을 읽게 됩니다.
<u>행실에 있어서의 온유함</u>을 5장 38~48절까지에서 말씀하십니다.[8]

42절 네게 구하는 자에게 주며 네게 꾸고자 하는 자에게 거절하지 말라

---

8 48절에서 '온전하라'는 낱말은 헬라어로 텔레이오스다. 이는 '마지막에 이르다. 성숙하다. 완성하다. 완전하다'라는 의미를 지닌다. 그 나라의 종의 목표는 아버지를 닮는 것이다. 그래서 초자연적인 변화의 온전함에 이르는 것이다.(『Main idea로 푸는 마태복음』, 디모데, p.103) 앞서 성숙하면서도 온전한 아버지의 성품은 온유함이 됨을 살폈다.

44절 너희 원수를 사랑하며 너희를 핍박하는 자를 위하여 기도하라

45절 그 해를 악인과 선인에게 비취게 하시며 비를 의로운 자와 불의한 자에게 내리우심이니라

이곳에 제시된 온유함의 그림은 '차별 없는 나눔과 돌봄'으로 정의됩니다.

그래서일까요? 야고보 사도는 '모든 더러운 것과 넘치는 악을 내어버리고 능히 너희 영혼을 구원할 바 마음에 심긴 도를 온유함으로 받으라'(약 1:21)고 하면서 하나님 앞에서의 경건한 삶이란 '고아와 과부를 그 환란 중에 돌아보고 또 자기를 지켜 세속에 물들지 아니하는 것'(1:27)이라고 정의합니다. 또 이를 다시 적용하여 가난한 자와 부자를 차별하지 말 것을 당부합니다(약 2:1).

이것은 무엇을 의미합니까? 온유함은 모든 하나님의 백성에게 기대되는 품성이요, 그것은 '차별 없는 나눔과 돌봄'에서 완성된다는 것을 알려주는 것입니다.

토저는 하나님의 공의를 논하며 부정어 '공평치 않은'(unequal)이라는 말은 문자 그대로 '불공정'(inequity)을 의미한다고 했습니다. 더욱이 '불공정'이라는 말과 '죄악'(iniquity)이라는 말이 동의어임에 착안하여 죄악된 사람은 도덕적으로 공평치 않은 것이요, 도덕적으로 균형을 잃은 것이요, 자신에게 공평치 않은 것이라고 정의합니다.[9]

이어 왕상 18:21에 대한 주해에서 '너희는 왜 계속 균형이 안 맞는

---

9   A.W.토저 지음, 이용복 옮김, 『GOD 하나님』, 규장, P.139

(unequal) 다리로 걷느냐?'[10]라고 번역하며 '균형이 안 맞는 것'은 '공평치 못한 것'이고, 그것은 '사악한 것'이라 주장합니다.[11]

공평치 않은 것이 죄라는 토저의 설명은 맞습니다. 차별하며 그 편협한 대로 행하는 것은 스스로가 죄인임을 드러내는 것이 됩니다. 온유한 이들은 모든 것을 공평하게 그리고 공정하게 행하고자 하며, 그것을 기뻐합니다.

2)평화

히브리어로 '샬롬'에 해당하며 헬라어 '에이레네'로 기록된 평화는 삶의 모든 영역에 있어서 크게 만족할만한 소망스러운 상태를 의미합니다. 정신적, 물질적, 육체적으로 완전한 충족에 기인한 자유와 지고한 기쁨의 상태를 가리킵니다.

평화는 총칼로 얻어질 수 없습니다. 상대의 존재와 가치를 파괴하는 방식으로 평화에 이를 수 없음은 미국의 통계자료가 잘 대변하여 줍니다.

- 범죄와 마약과의 전쟁에도 불구하고 지난 25년 동안 범죄와 마약 관련 위반 행위들이 급격히 증가했다.
- 미국의 교도소 수감 인구는 1980년의 30만 명 이하에서 놀랍게도 2004년 210만이 되었다.

---

10 …너희가 어느 때까지 둘 사이에서 머뭇머뭇 하려느냐 여호와가 만일 하나님이면 그를 따르고 바알이 하나님이면 그를 따를지니라 하니…(개역개정).
11 Ibid, p.154

- 질병과의 전쟁은 우리에게 다량의 항생제를 선물하고 있다.[12]

그럼에도 불구하고 미국은 테러와의 전쟁을 통하여 이 세계의 평화를 담보하려 합니다. 그것도 천문학적인 자금을 들여가면서! 그러나 누구도 부인하지 못하는 것은 인간의 역사는 평화가 없음을 확증하고, 평화에 도달하는 것이 불가능함을 증명한다는 것입니다. 우리의 세계는 지금도 이것을 증명하고 있습니다.

전쟁, 테러, 학살! 우주에 질서를 부여하신, 자신의 형상대로 사람을 지으신 하나님을 알지 못하면 참된 평화에 도달할 수 없습니다. 성경의 평화는 '전쟁의 종식'과 같은 매우 제한된 의미의 '평화'와는 다릅니다. 샬롬은 전쟁의 물리적 휴식뿐 아니라 불의와 거짓의 종식 그리고 정의와 진실의 구현도 불가분리적으로 함께 요청합니다. 이와 같은 성경적인 평화는 하나님의 다스림 안에서만 경험될 뿐입니다.

인간이 하나님과의 계약을 어기지 않고, 깨지 않고, 잘 지켰을 때의 평화이다. 영적인 완전성을 의미한다. 완전하고 건전한 삶이다. 생명이 충만한 상태이다. 삶이 조화되어 있는 상태이다. 평화로운 민족은 나뉘어져서는 안 된다. 그리고 차별이 없이 조화롭게 살아가야 한다. 평등이 있어야 한다. 자유가 있어야 한다. 또한 경제적인 번영도 있어야 한다. 구약에서 때로 경제적 번영을 평화라고 부른 경우도 있다(대상 4:40, 22:9 등). 정치적인 안보 역시 샬롬이라고 했다(왕하 20:19, 사 32:18). 인간의 평화는 궁

---

12 에크하르트 톨레, 『Now행성의 미래를 생각하는 사람들에게』, 조화로운 삶, p.92

극적으로 하나님과 인간의 평화 위에 근거한다. 이스라엘 민족이 하나님의 계약을 잘 지켰을 때 평화가 주어졌다(렘 26:6, 겔 34:25). 모든 평화는 하나님께 속해 있다. 평화의 조건은 하나님의 현존에 있다. 그런데 하나님의 현존이 하나님과 맺은 계약을 올바르게 지킬 때 의가 존재하게 되고 따라서 샬롬 평화가 깃들게 된다. 여기서 평화와 정의가 직결되고 있다.[13]

---

13 홍성현, '평화를 위한 교회의 과제', 「교회와 세계」통권38호(서울:한국기독교교회협의회,1985. 2), 5.

<u>언약적 해설</u>

팔복이 도입부에 위치하여 말하고자 하는 바는 마음의 중요성입니다. '가난한' 마음[14]과 '청결한' 마음상태에 도달하게 될 때 의의 실천이 가능하게 되며 그래서 의의 열매를 기대할 수 있음을 말해 줍니다.

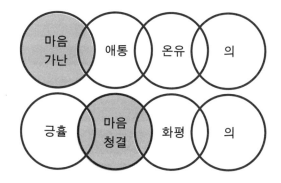

1)마음의 갱신

다음 도표 1, 2는 팔복에서 끄집어낸 '마음'의 문제가 산상 설교의 이어지는 단락들 속에서 어떻게 전개되는지를 잘 보여줍니다.

아래의 도표는 산상 설교의 뼈대를 보여줍니다. 산상 설교는 마음의 일을 추적합니다. 자기 의에서 나온 거만한 마음인가에 민감합니다. 마음 상태에 따라 신앙의 변질이 초래될 수 있기 때문입니다.

---

14 어떤 이들은 '심령'과 '마음'이 어찌 같은 것이냐고 반문하겠으나, 과학적 정의를 토대로 분류된 것이 아니다. 단지 단순 반복을 피하기 위한 의도일 뿐이다.

도표 1 유대교 분석

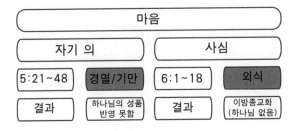

예수님은 바리새인과 서기관들이 구축한 종교를 분석합니다. 이방 종교와 다름없는 모양으로 변질되어 있었고, 그 핵심에 자신을 의롭다고 믿는 마음과 탐욕이 자리하고 있었습니다. 이것이 그 사회를 진단한 분석 결과요, 그래서 그 처방 또한 마음의 갱신에 있게 됩니다. 예수님의 산상 설교는 이것을 말합니다!

도표 2 제자들에게 교훈

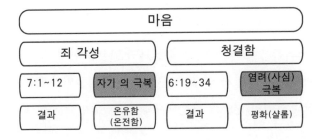

판단하던 일을 그치고 '나와 너'에 대한 경계 짓기를 그만두기 시작하면서 우리는 온유한 사람이 될 수 있습니다(7:1~12). 탐욕을 자아내는 생활의 염려를 극복하기 시작하면 우리는 평화에 이를 수 있습니

다(6:19~34). 그러므로 팔복은 의의 실천자에게 있어 마음[15]이 절대적 변수임을 강조합니다!

2)성경적 이해

산상 설교가 마음의 갱신을 목표로 하는 점은 구약 대선지서들과의 연속선상에 있음을 보여줍니다. 구약의 예레미야서와 에스겔서는 새 언약을 전망하면서 마음의 전적인 갱신에 대해 언급하기 때문입니다.

나 여호와가 말하노라 보라 날이 이르리니 내가 이스라엘 집과 유다 집에 새 언약을 세우리라 나 여호와가 말하노라 이 언약은 내가 그들의 열조의 손을 잡고 애굽 땅에서 인도하여 내던 날에 세운 것과 같지 아니할 것은 내가 그들의 남편이 되었어도 그들이 내 언약을 파하였음이니라 나 여호와가 말하노라 그러나 그날 후에 내가 이스라엘 집에 세울 언약은 이러하니 곧 내가 나의 법을 그들의 속에 두며 그 마음에 기록하여 나는 그들의 하나님이 되고 그들은 내 백성이 될 것이니라 그들이 다시는 각기 이웃과 형제를 가리켜 이르기를 너는 여호와를 알라 하지 아니하리니 이는 작은 자로부터 큰 자까지 다 나를 앎이니라 내가 그들의 죄악을 사하고 다시는 그 죄를 기억지 아니하리라 여호와의 말이니라(렘 31:31~34).

내가 그들에게 복을 주기 위하여 그들을 떠나지 아니하리라 하는 영영한 언약을 그들에게 세우고 나를 경외함을 그들의 마음에 두어 나를 떠나지 않게 하고 내가 기쁨으로 그들에게 복을 주되 정녕히 나의 마음과 정신을 다하여 그들을 이 땅에 심으리라(렘 32:40).

---

15 어떤 이는 '심령'과 '마음'이 어떻게 같냐고 하겠지만, 심령과 마음이란 어떻게 다른가? 과학적 현대 이성으로 접근할 수 없다.

또 새 영을 너희 속에 두고 새 마음을 너희에게 주되 너희 육신에서 굳은 마음을 제하고 부드러운 마음을 줄 것이며 또 내 신을 너희 속에 두어 너희로 내 율례를 행하게 하리니 너희가 내 규례를 지켜 행할지라 내가 너희 열조에게 준 땅에 너희가 거하여 내 백성이 되고 나는 너희 하나님이 되리라(겔 36:26~27).

마음의 변질은 신앙의 변질로 이어져 현대판 바리새주의를 낳습니다. [16] 이것이 무서운 일임을 기억해야 합니다.

---

16 그러므로 너희는 마음에 할례를 행하고 다시는 목을 곧게 하지 말라(신 10:16).

2장 제자의 사명

예수 믿음에 동참한 이들의 본원적 사명은 무엇일까요? 성도다움의 핵심은 무엇일까요? 교회다움을 회복하기 위하여 제일 먼저 해야 할 일은 무엇일까요?

신앙 초기의 일입니다. 한참 은혜 받고 새벽 기도회에 빠지지 않던 청년시절, 집에서 교회까지 가려면 걸어서 15분이 걸렸습니다. 잰 걸음으로 걸어가노라면 어느새 동이 터오면서 밝은 햇살은 어느 교회의 금빛 첨탑을 눈이 부시도록 비추었습니다. 그때는 왜 그런 생각이 들었는지 몰랐습니다. '저것이 꼭 백성들의 고혈을 빨아먹는 메뚜기 같구나!'

오늘날은 품성에 대하여 논하기가 상당히 부끄럽게 되었습니다. 권력 지향적이면서 재물에 대해서는 참담할 정도로 부끄러운, 그리고 성추문이 계속되고 있는 목회자 그룹의 일원으로서 민망할 따름입니다. 더욱이 다른 사람 볼 것 없이 한 가정의 가장으로서 남편 됨과 아버지 됨을 반성해 볼 때 솔직히 자격 없음을 고백하지 않을 수 없습니다.

그럼에도 도덕적 품성에 대해 이야기하는 것은 성도들 모두가 현실에 대해 다만 냉소적일 만큼 아무 상관 없는 이방인이 아니라는 데 있습니다.

우리는 보통 '제자들' 하면 목회자를 비롯한 몇몇의 사람들로만 생각합니다. 하지만 성경은 성도 모두에 대하여 제자라는 표현을 씁니다.[17] 이제는 예수님이 제시하는 제자의 의로운 품성에 대해 관심을 갖고 그렇게 되고자 열심을 내야 할 때입니다. 목회자만이 아니라 예수를 믿는 사람은 누구나 이 성품 안에 머물기를 힘써야 합니다.

그런즉 사랑하는 자들아 이 약속을 가진 우리는 하나님을 두려워하는 가운데서 거룩함을 온전히 이루어 육과 영의 온갖 더러운 것에서 자신을 깨끗하게 하자(고후 7:1).

하나님의 뜻은 이것이니 너희의 거룩함이라 곧 음란을 버리고(살전 4:3).

---

17 대표적으로 '하나님의 말씀이 점점 왕성하여 예루살렘에 있는 제자의 수가 더 심히 많아지고 허다한 제사장의 무리도 이 도에 복종하니라'(행 6:7).

① 평정심 훈련, '기도'

예수님은 말씀하십니다.

나는 마음이 온유하고 겸손하니 나의 멍에를 메고 내게 배우라 그리하면 너희 마음이 쉼을 얻으리니(마 11:29).

쉼이란 평안을 말합니다. 어떠한 환경과 상태에서도 흔들림 없는 내적 '평정심'에 도달하기 위하여 온유하신 예수님께 배워야 합니다.

예수님은 기도하는 일에 대해 철저하셨고 우리의 모범이 됩니다. 때론 새벽 미명에, 때론 사람들과의 사역을 잠시 뒤로한 채, 때론 시간을 정해서 기도에 몰입하셨습니다. 규칙적이었는지는 모르겠습니다. 중요한 것은 예수님께서 친히 모범을 보이셨고, 강조하여 가르치셨으며, 애쓰셨다는 것입니다.

기도 없는 예수님의 사역은 생각해 볼 수 없습니다. 그러므로 예수님의 온유함에 동참하길 원하는 제자라면 그분의 기도 생활을 먼저 본받아야 합니다. 열두 제자가 오순절 성령 강림과 더불어 본격적인 사역에 나서기 전에 먼저 기도로 준비하였듯이 말입니다.

사도 바울은 감옥이라는 역기능적인 환경 속에서 허물어지는 마음의 갈등을 기도로 이겨냈다고 합니다.

아무것도 염려하지 말고 다만 모든 일에 기도와 간구로 너희 구할 것을 감사함으로 하나님께 아뢰라 그리하면 모든 지각에 뛰어난 하나님의 평강이 그리스도 예수 안에서 너희 마음과 생각을 지키시리라(빌 4:6~7).

하나님을 신뢰하고 기도에 힘쓰는 이들에게는 달콤한 내적 평안이 있어 신적 성품에 동참하기가 한결 수월하여질 것입니다.

미우라 아야꼬의 예 1[18]

언젠가 이런 질문을 받은 적이 있다. "기독교에는 불교와 같은 염불이 없나요? 나무아미타불이나 나무묘법연화경과 같은 것 말입니다."

엄밀하게 따져 기독교에 염불이란 없지만, 그러나 그것과 비슷한 말은 있다고 대답해 주었다. 즉, "임마누엘", "아멘!"이라는 말이다. '임마누엘'은 '하나님께서 나와 함께 계시나니'라는 뜻이다. '나무아미타불'은 부처와 함께 있다는 뜻이라고 한다. 또 '아멘'은 '참으로', '진실로'라는 의미로 마음에서 우러나는 동의를 뜻한다. 이 말은 세계 공통으로 쓰인다. 그러므로 "임마누엘, 아멘!"이라고 하면 '하나님은 나와 함께 계십니다. 참으로 그렇습니다. 감사합니다!'라는 내용이 된다.

나도 오랜 요양 생활로 쓸쓸함을 느꼈을 때 곧잘 이 "임마누엘, 아멘!"을 외웠다. 그렇게 하면 이상하게도 전능자가 내 곁에 계셔 말없이 지켜보는 듯하여 마음이 편안해졌던 것이다. 또 무엇인가 좋지 않은 생각이 마음을 스쳐갈 때 "임마누엘, 아멘!"하고 암송했다. 하나님이 나와 함께 계시는데 하찮은 생각에 끌려갈 수야 없지 하는 생각에서 올리는 이 짧은 기도는 악의 유혹으로부터 나를 보호해 주었다. 다른 사람에게 오해를 받았을 때도 이 짧은 기도의 말을 암송했다. 그렇게 하면 설사 남이 나를 오해해도 전지전능하신 하나님은 나의 모든

---

18 미우라 아야꼬, 『기도해 보시지 않을래요?』, 홍익사, p.70~73

것을 알아주시리라는 기쁨이 솟았다.

진심으로 믿고 기도할 때 우리는 이렇게 작은, 이렇게 짧은 기도에 의해서도 힘을 얻게 되고 위안을 받으며 인도되는 것이다.

짧은 기도라고 하니 생각나는 것이 있다. 가톨릭 책에서 읽은 '화살 기도'라는 말이다. "어떻게 기도해야 좋을지 모르겠어!" 또는 "기도하기가 어려워!" 하며 기도를 경원시하는 사람이 있다. 그러나 기도는 굳이 길지 않아도 된다. 마음이 정녕 아버지 하나님만을 향하고 있다면 짧은 기도도 무방하다.

화살 기도란 자신이 당면 문제로 삼고 있는 것을 며칠씩, 몇 번이고 기도하는 것을 말한다. 만약 자신의 성격을 보다 부드럽게 하고 싶다면 계속해서 그것에 대해 기도하는 것이다. 예를 들면 '하나님, 제발 저를 상냥한 인간으로 바꾸어 주십시오. 그리스도의 이름으로 기도 드립니다' 하며 이것을 몇 번이고 되풀이 하는 것이다. 그렇게 하면 마음이 인도되어 딱딱한 말이 나오려고 하다가도 평소와는 다른 부드러운 말로 남을 대할 수 있게 된다는 것이다.

우리 인간은 여러 가지 문제가 많다. 또 자신의 마음을 자신이 어떻게 할 수 없는 약한 존재이므로 이런 짧은 기도를 항시 올려 마음을 붙들어 주시도록 기도하는 것은 필요불가결한 일이다. '제발 남에게 악의를 품지 않도록 해 주십시오.' '언제나 감사하는 자세를 가르쳐 주십시오.' '언제나 초조한 마음을 평온하게 해 주십시오.' 이런 화살 기도가 얼마나 큰 결과를 가져오는지는 기도를 해본 사람이라면 반드시 알 수 있다.

② 용서 훈련, 십자가묵상'

내 사랑하는 자들아 너희가 친히 원수를 갚지 말고 하나님의 진노하심에 맡기라 기록되었으되 원수 갚는 것이 내게 있으니 내가 갚으리라고 주께서 말씀하시니라 (롬 12:19).

언약 백성들은 하나님의 주권을 인정하여 자신의 권리를 포기하고 그분의 심판하는 권세에 순복함으로써 평화를 누립니다.[19] 앙갚음하고 보복하려는 마음을 가지고는 절대로 마음에 안정을 얻을 수 없습니다. 그래서 언약 안에 있는 그리스도인들은 '선으로 악을 이겨야 하고, 관용을 모든 사람에게 나타내는' 평화지향적 삶을 선택합니다.

언약 백성은 하나님의 주권을 인정함으로써 하나님과의 평화를 누리게 됩니다. 마음으로 믿고 그 믿는 바에 따라 순종할 때 개인과 공동체는 평화로운 행복에 이르게 됩니다. 그렇기에 사도 바울은 단순히 믿음의 자녀들만이 아니라 그 믿는 바에 순종하는 자녀들을 목표로 서신을 기록합니다.

그로 말미암아 우리가 은혜와 사도의 직분을 받아 그의 이름을 위하여 모든 이방인 중에서 믿어 순종하게 하나니(롬 1:5).
그리스도께서 이방인들을 순종하게 하기 위하여 나를 통하여 역사하신 것 외에는 내가 감히 말하지 아니하노라(롬 15:18).

---

19 『파인애플 이야기』가 많은 도움이 됨.

신앙생활에 있어서 날마다 순종해야 할 제1의 내용은 '용서'[20]입니다. 용서받은 죄인들의 그룹인 교회를 보아도, 생존본능으로 첨예하게 경쟁하는 사회를 보아도, 용서하며 용서받을 일은 빈번하게 발생합니다. 그러므로 하나님의 주권을 인정하는지, 그래서 하나님을 진정으로 예배하는 것인지의 분별은 결국 용서에서 드러나게 됩니다.

오늘 제자들은 죄인들을 위하여 자기 목숨을 내어놓으신 예수님의 용서하심에 늘 깨어있어야 합니다.

> …아버지 저들을 사하여 주옵소서 자기들이 하는 것을 알지 못함이니이다 하시더라…(눅 23:34).

사도 바울은 '믿음의 주요 온전케 하시는 이인 예수를 바라보자'(히 12:2)고 권면합니다. 평화의 사람이 되기 위하여 예수를 바라봄으로써 의식을 깨우는 - 세속 정신과 가치관에 여전히 오염되어 있으며 그래서 자칫 세상 정신으로 화석화되기 쉬운 우리의 의식을 깨우는 - 믿음의 활동을 부단히 해야 합니다. 죄인들을 위하여 피 흘리신 예수를 바라볼 때마다 우리의 심령에는 하나님의 사랑이 폭포수처럼 성령으로 말미암아 부어지게 될 것입니다.

---

20 예수께서 또 이르시되 너희에게 평강이 있을지어다 아버지께서 나를 보내신 것 같이 나도 너희를 보내노라 이 말씀을 하시고 그들을 향하사 숨을 내쉬며 이르시되 성령을 받으라 너희가 누구의 죄든지 사하면 사하여질 것이요 누구의 죄든지 그대로 두면 그대로 있으리라 하시니라(요 20:21~23).

…성령으로 말미암아 하나님의 사랑이 우리 마음에 부은 바 됨이니(롬 5:5).

미우라 아야꼬의 예 2[21]

언젠가 우리 부부는 여행 도중에 어느 마을의 축제를 참관하게 되었다. 그런데 평소에는 전혀 관심도 없던 남편이 그날따라 노점 사격장에서 100원을 내고 사격을 즐긴 일이 있었다. 매우 정확하게 표적을 노렸음에도 불구하고 탄환은 이상하게 빗나갔다. 후에 주민들에게 물었더니 총신 자체가 굽어 있기 때문이라고 했다.

우리는 우리 스스로 하나님을 향하고 있노라 믿지만 우리의 마음이 굽어 있는 상태이기 때문에 우리가 하는 일들이 하나님의 뜻과는 멀어져 가는 것을 깨닫지 못한다. 요컨대 표적에서 빗나가고 있는 것이다. 그러므로 우리 스스로는 상당히 겸손하고 친절하게 살아가는 듯 여겨지지만 뜻밖에도 많은 사람들이 우리로부터 상처를 받으며 살아가고 있다.

'세 치 혀가 사람을 죽인다'는 말이나, '쏘아붙이는 듯한 시선'이라는 말은 모두 우리 인간의 실태를 정확하게 표현한 말이다. 우리는 자신도 모르게 남을 흘기거나, 해서는 안 될 말을 쏟아 놓기 때문이다.

이렇듯 '자신도 모르게' 남을 흘겨보는 시선, 뱉어내는 말이야 말로 우리의 마음에서 우러나는 우리의 참된 모습이다. 그렇지만 그것이 얼마나 사람을 괴롭히고 절망시키는 지는 의외로 깨닫지 못하고 있다. 나 자신도 말투가 강하기 때문에 설사 바른 말을 한다손 치더라도 남

---

21 Ibid, p.93~96

에게 상처를 준 일이 비일비재하여 자신을 미워한 적이 한 두 번이 아니다. 이러한 실패를 한 번도 겪지 않은 사람이 과연 있을까?

　죄라면 어떤 구체적 행위가 수반되어야 한다고 생각하는 사람이 있을지 모른다. 그러나 '행동하지 않은 죄'라는 것이 있어 적극적으로 행동하지 아니한 것이 죄가 되는 경우가 있다.

　생면부지의 아이가 차가 많이 다니는 노상에서 공놀이를 하고 있는데도 누구하나 나무라지 않는 광경을 간혹 보게 된다. 차 안에서 소리를 지르거나 보행자가 주의를 주면 좋을 텐데 모두가 무관심하다. 그 아이가 만약 자신의 아들이라면 어떻게 하겠는가? 결코 모르는 체 하지 않을 것이다. 뛰어가 끌고서라도 집으로 데려갈 것이다.

　이렇게 생각해 보면 주의를 주지 않거나 충고를 하지 않는다는 것이 얼마나 냉혹한 짓이며 죄 많은 행위인가를 잘 알 수 있다. 이와 같이 '행동하지 않은 죄'를 매일 범하고 있는 우리 자신의 모순을 우리는 쉽게 발견할 수 있다. 차 안에서 폭력배나 치기배에게 얻어맞는 사람을 누구 하나 돕지 않아 끝내 죽고 말았다는 것도 그 '행동하지 않은 죄'가 아닌가.

　또한 이성을 잃고 순간적으로 화를 내는 것도 죄가 된다. 다소 심한 말이나 행동을 접할 때 우리는 순간적으로 이성을 잃고 노하게 되는데 그 노도 죄에 속한다. 상대방은 충고삼아 몇 마디 했는데 듣는 이가 순간적으로 노기충천하여 칼을 휘두르는 경우도 있다. 오늘 아침에도 방탕한 생활을 꾸짖는 어머니를 살해한 패륜아의 기사가 신문에 실려 있다. 순간적인 분노를 느껴보지 않은 사람은 흔치 않을 것이다.

　그렇다면 도대체 그것이 왜 죄가 되는가? 그것은 겸손이나 관용의 부족, 표현을 달리하면 남의 충고를 받아들이지 않는 오만이 그 속에 도사리고 있기 때문이다. 오만이 얼마나 큰 죄가 되는 지는 두말 할 필요가 없다.

또한 사람을 용서하지 않는 것도 죄가 된다. 몇 해 전, 몇 십 년 전에 있었던 상대방의 용서할 수 없는 행위를 기억하고 있는 것도 죄가 된다. 기억하고 있는 그 자체가 바로 용서받을 수 없는 죄이다. 나의 소설 『빙점』은 남편이 아내를 용서하지 못한 데서 오는 비극이었다. 그러나 우리는 곧잘 이런 말을 입에 담는다. '이것만은 절대로 용서할 수 없다'라고 말이다.

왜 용서하지 않는 것이 죄가 되는가? 인간은 제 아무리 위대해도 상대방의 모든 것을 간파할 수는 없다. 옳고 그른 것을 참으로 판정할 수 있는 자는 오직 하나님 한 분 뿐이시다.

인간에게는 심판할 능력이 없다! 인간이 인간을 심판하는 것이 얼마나 어려운 일인가는 이 세상의 재판을 보아도 알 수가 있다. 재판관이 되기 위해서는 먼저 법과대학에 들어가야 하고 지극히 어려운 난관이라는 사법 고시에 합격하여야 한다. 그토록 공부한 사람들이 많은 자료를 토대로 재판하는데도 죄 없는 인간을 유죄로 판정해버리는 경우가 비일비재하다고 한다.

얼마 전에도 수십 년 동안 무고한 죄로 옥살이를 하던 어느 노인의 기사가 신문에 보도되었다. 그러나 이분은 그래도 운이 좋은 편이다. 이 세상에는 무고한 죄를 뒤집어 쓴 채 일생을 마치는 사람이 얼마나 많은지 모른다. 무고한 자가 유죄 판결을 받았다는 것은 진짜 범인은 그대로 있다는 것을 의미한다. 특히 뇌물사건들이 흐지부지 되어 버리는 것을 우리는 여러 차례 보아 왔다.

법률을 배우고 심판을 다루는 직업 재판관까지도 이런 상황이고 보면 일상생활에서의 착각이나 자기중심적인 편견에 젖어 있는 우리가 올바르게 인간을 심판한다는 것은 애당초 불가능한 일이다. 정녕 올바르게 심판할 수 있는 분은 그래서 전능자 한 분 뿐이시다. 우리 인간이 저지른 잘못은 하나님 이외에는 심판할 수 없는 것을 인간이 스스로 행하고자 하는 데에 있다. 인간이 심판한다는 것은 하나님의 영역을 침범하는 일이다!

짐 엘리엇의 예

짐 엘리엇은 휘튼 대학교 2학년 때 하나님께서 자신이 라틴아메리카로 가서 한 번도 복음을 들어보지 못한 사람들에게 복음을 전하길 원하신다는 사실을 깨달았다.

1956년 1월 엘리엇은 친구들과 함께 에콰도르에 첫발을 내디녔다. 그들은 아우카족들에게 그리스도를 증거하기 위해서 필사적인 노력을 다했다. 하지만 그들은 불모의 땅에 도착한지 며칠 만에 무참하게 살해되고 말았다.

얼마 후 짐 엘리엇의 아내 엘리자베스 엘리엇은 다른 선교사의 여동생들과 함께 그 땅으로 들어갔다. 죽음의 땅에 들어간 연약한 여인들은 피나는 헌신과 희생을 쏟아부었다.

다섯 사람이 피살된 지 36년이 지난 1992년 6월 11일 아우카 부족의 마을인 와오라니 우림지역의 외딴 마을 티네노에서 감격적인 신약성경 봉헌예배가 엄숙하게 드려졌다. 그 봉헌예배에 참석한 와오라니

기독교 지도자들 가운데 3명은 5명의 선교사 살해에 가담한 사람들이었다.

그들은 현재 와오라니 기독교 지도자로 활동하고 있으니 위대한 복음의 승리였다. 짐 엘리엇 선교사의 죽음은 헛되지 않았다.

2-1 의의 대언자, 예수

11절 나로 말미암아 너희를 욕하고 박해하고 거짓으로 너희를 거슬러 모든 악한 말을 할 때에는 너희에게 복이 있나니

12절 기뻐하고 즐거워하라 하늘에서 너희의 상이 큼이라 너희 전에 있던 선지자들도 이같이 박해하였느니라

본 단락 11~12절은 10절과 연관된 부연설명 단락입니다. 사실상 한 단락으로 취급하여 설명하기에는 무리가 따르는 불완전한 단락입니다. 그럼에도 불구하고 독립된 한 단락으로 취급하는 이유는 논리가 어떻게 발전되고 있는지 설명하기에 유리하기 때문입니다.

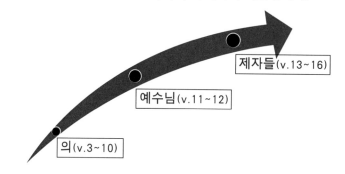

제자들(v.13~16)

예수님(v.11~12)

의(v.3~10)

의 - 예수님 - 제자단

예수님은 자신을 따르는 것이 결코 세상적인 행복을 보장받는 일이 아님을 말씀하셨습니다. 처음부터 제자들은 헛된 기대를 가질 수 없었다(20장을 보라). 복은 고사하고 핍박을 기대해야 했습니다. 마치 구

약시대 선지자들이 하나님의 말씀을 대언함으로써 핍박을 받은 것처럼 예수님과 예수님의 말씀 때문에 고난 받게 될 것임을 시사합니다.

예수님은 자신의 선포(메시지)가 하나님의 선포(메시지)와 완전히 일치함을 조금도 의심치 않습니다.[22] 자신의 제자 파송이, 하나님에 의한 선지자의 파송과 조금도 다르지 않은 것처럼 말씀하셨기 때문입니다. 그러므로 예수님과 제자들은 세상에 저항을 불러올 것입니다. 앞선 선지자들이 그러했듯이….

---

22 이는 또한 성경의 일관된 진술이다. 아마도 히브리서가 이에 대하여 완벽한 진술을 전한다.

'옛적에 선지자들을 통하여 여러 부분과 여러 모양으로 우리 조상들에게 말씀하신 하나님이 이 모든 날 마지막에는 아들을 통하여 우리에게 말씀하셨으니 이 아들을 만유의 상속자로 세우시고 또 그로 말미암아 모든 세계를 지으셨느니라 이는 하나님의 영광의 광채시요 그 본체의 형상이시라 그의 능력의 말씀으로 만물을 붙드시며 죄를 정결하게 하는 일을 하시고 높은 곳에 계신 지극히 크신 이의 우편에 앉으셨느니라'(히 1:1~3).

2-2 의의 증거자, 제자들

13절 너희는 세상의 소금이니 소금이 만일 그 맛을 잃으면 무엇으로 짜게 하리요 후에는 아무 쓸 데 없어 다만 밖에 버려져 사람에게 밟힐 뿐이니라

14절 너희는 세상의 빛이라 산 위에 있는 동네가 숨겨지지 못할 것이요

15절 사람이 등불을 켜서 말 아래에 두지 아니하고 등경 위에 두나니 이러므로 집 안 모든 사람에게 비치느니라

16절 이같이 너희 빛이 사람 앞에 비치게 하여 그들로 너희 착한 행실을 보고 하늘에 계신 너희 아버지께 영광을 돌리게 하라

많은 분식들이 이 지점을 통과하지 못하는 것 같습니다. 그 이유는 전후 문맥을 충분히 살피지 않고 부분에만 집중하기 때문입니다. 전후에 일정한 맥이 있어서 그 맥을 놓지 않는다면 본 단락을 통하여 주시는 예수님의 메시지가 쉽게 파악될 것입니다. 빛과 소금의 물리적 설명에서부터 그 의미를 찾으려는 해석과 주해는 다 문맥을 살피지 않은 경우입니다.

빛과 소금은 하나님의 '의'가 무엇인지를 알아 그렇게 행하라는 예수님의 기대를 받고 있는 제자단에 대한 은유일 뿐입니다. "너희는 세상의 소금이니…", "너희는 세상의 빛이라…".

그러므로 제자단에 있어서 가장 중요한 것은 예수님이 전한 하나님

의 '의'를 이해하고 신실하게 행하는데 있습니다. 이는 생명의 위협마저 감수(5:11)할 만큼 중차대한 사안입니다! 하나님의 '의'를 도외시하고는 절대 제자라고 할 수 없습니다. '의'를 떠난 제자들이 무가치한 것은 소금이 그 맛을 잃고, 빛이 더 이상 어둠을 밝힐 수 없는 것과 같은 이치라 합니다. 효용가치가 전혀 없습니다. 달란트 비유 중 '무익한' 종이란 말이 있습니다. 동일한 의미여서 '의'가 없는 종을 나타냅니다(25장).

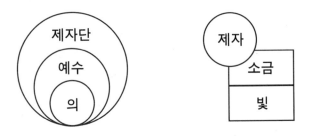

사람이 등불을 켤 때에는 쓰임새가 있어서이듯, 제자들에게 하나님의 의에 대하여 주지시키는 이유 또한 쓰임새가 있어서입니다. 그 쓰임새란 세상 사람들 앞에 제자들을 세워 하늘 아버지께 영광을 돌리게 하려는 데 있습니다.

본문에서 착한 행실이란 의를 가리킵니다. 하나님 성품과의 일치됨(온유함)과 공동체의 평화를 이루는 삶입니다. 그러므로 제자들은 세계인 앞에 의의 대표자와 대신자가 되어 하나님의 의를 증거해야 합니다. 제자의 사명이란 이것 외에 다른 것이 아닙니다!

제2부 제자의 길

| 전체 이해 |

예수님은 이스라엘 사회의 전 시스템을 살핀다. 서기관과 바리새인들이 구축한 종교를 분석하고는 결론을 내리게 됩니다.

'이방종교와 다름없다!(6:7), 전혀 하나님의 통치를 따르고 있지 않다!, 언약 백성들이 아니다!'

무엇이 변질을 가져왔습니까? 자신이 의롭다고 믿는 마음과 탐욕스런 마음! 예수님은 이 두 가지에 주목합니다. 이것이 그 사회를 진단한 예수님의 분석 결과요, 산상 설교는 그 결과를 담아낸 논문과 같습니다.

예수님은 단순히 이스라엘 사회를 분석만 한 것이 아닙니다. 제자들 또한 바리새화 될 위험성에 대해 충분히 이해한 분이셨습니다. 바리새인과 서기관들이 처음부터 하나님의 진노를 살만큼 잘못된 이들은 아니었기 때문입니다. 바리새란 구별된 사람들을 지칭하듯, 순수한 신앙 열심을 가지고 나섰던 사람들입니다. 하지만 주변부에서 중심부로 권력화가 진행되면서 빗나가게 되었고 도리어 하나님 나라를 대적하게 되었습니다. 예수님은 이러한 위험성을 잘 알고 계셨기에 바리새화 되는 일련의 과정을 극복할 대안과 장치 또한 제시하고자 하셨습니다.

예수님의 대안은 마음의 갱신을 목표로 합니다. 자기 의와 탐심으로 일그러진 부패한 마음을 새롭게 함이 대안이셨습니다. 이 세계 구성원들의 마음이 새로워지지 않는 한 진정한 의미에서의 변화는 사실상 있을 수 없습니다. 이 세계의 진정한 변화를 위해 일하는 사람이라면 반드시 마음의 문제에서 답을 찾아야 합니다. 어쩌면 고등종교라고 하는 여타의 종교가 이 '마음'의 문제에 깊이 천착하여 사색하며 명상하는 것도 이러한 이유에서일 것입니다.

① 5:17~20 서론부 : 더 나은 의

예수님은 이스라엘 종교사회를 다음의 두 영역에서 분석하십니다. 가르침과 행함! 예수님은 먼저 자신의 위치와 의도부터 명백히 하시는데, 그것은 이스라엘 사회에 어떤 새로운 가르침을 주고자 하는 것이 아니며 율법과 선지자의 전통에 충실하고자 함을 밝힙니다. 즉 사역의 범위와 텍스트는 율법의 말씀에 있음을 천명한 것입니다.

② 5:21~48 본론부 1 : 부패한 마음 1-자기의

예수님은 바리새인과 서기관들의 가르침을 조목조목 살피면서 그것이 얼마나 율법의 원의(原意)로부터 빗나갔는가를 폭로하시며 그 가르침이 '자기의'에 기초되어 있음을 밝힙니다.

③ 6:1~18 본론부 2 : 부패한 마음 2-탐심

예수님은 가르침의 문제에서 한걸음 더 나아가 '행함'의 문제까지 지적합니다. 이는 산상 설교가 매우 실천적인 설교임을 깨닫게 합니다. 이스라엘의 종교에 있어서 의의 세 기둥이랄 수 있는 구제-기

도-금식을 설교의 재료로 하여 청결하지 않은 마음 상태로는 하나님의 '의'에 이를 수 없음을 말씀하십니다.

④ 6:19~34 본론부 3 : 마음의 갱신 1-탐욕의 극복

예수님은 바리새인과 서기관들의 일탈을 극복할 대안을 제시합니다. 탐심의 근원은 삶의 문제에서 비롯됩니다. 생활의 염려, 생명 보전에 대한 불안에 근거합니다.[23] 그렇기에 예수님은 창조의 하나님은 우리의 '아버지'가 되심을 믿음의 핵심으로 삼아 생활의 염려에 매이지 않는 언약적 삶을 강조합니다.

⑤ 7:1~12 본론부 4 : 마음의 갱신 2-자기의의 극복

이스라엘의 잘못된 영성의 핵심은 '자기의'에 기초합니다. '자기의'의 깨어짐은 그래서 참된 영성의 출발이자 전부라고 할 수 있습니다. 예수님은 자녀들을 향한 '아버지' 하나님의 마음이 무엇인가를 경험하고 그 '아버지'의 마음에 동참하라고 합니다.

⑥ 7:13~27 결론부 : 제자의 길

'더 나은 의'의 길은 생명의 길이 됩니다. 비록 많은 이들이 외면한다 해도 그 길은 생명 길이어서 하나님의 백성들은 늘 그 길 위에 있기를 힘써야 합니다. 미혹되는 일이 많아서 분별해야 하겠지만, 반드시 그 길만이 생명 길 임을 기억하여 늘 바르게 선택할 수 있어야 합니다.

---

23 또 죽기를 무서워하므로 한평생 매여 종노릇하는 모든 자들을 놓아주려 하심이니(히 2:15).

특별히 여섯 반제로 알려진 본문을 통하여 십계명 중 제6계명부터 10계명까지 다섯 계명을 가지고 논쟁합니다. 12장에서는 제4계명 안식일에 대하여, 15장에서는 제5계명인 부모 공경에 대하여 논쟁하셨습니다. 이 논쟁이 가지는 의의는 이사야의 말씀을 인용한 본문에 잘 나타나 있습니다.

> 이 백성이 입술로는 나를 공경하되 마음은 내게서 멀도다 사람의 계명으로 교훈을 삼아 가르치니 나를 헛되이 경배하는도다(마 15:8~9).

언약식 때 시내산에 강림한 하나님께서는 그 백성들에게 직접 말씀을 들려주셨습니다(출 20:2~17). 그 들려진 '소리'는 십계명으로 알려진 '열 가지 말씀들'입니다. 이것은 언약 체결의 조건이었고 그래서 '언약법'으로 불리게 됩니다. 전통적으로는 십계명을 '대신관계와 대인관계'의 두 가지 분절된 체계로 이해하지만 하나의 통일된 문서로 이해함이 더 좋을 듯합니다.

제1~3계명에서 하나님은 자신을 '진실되이' 섬길 것을 말씀하십니다. 제4~10계명에서는 어떻게 진실되이 섬길 수 있는 지를 설명합니다. 특별히 제10계명은 중요합니다.

> 네 이웃의 집을 탐내지 말라 네 이웃의 아내나 그의 남종이나 그의 여종이나 그의 소나 그의 나귀나 무릇 네 이웃의 소유를 탐내지 말라(출 20:17).

여기서 '탐내지 말라'는 말씀은 또 하나의 계명으로 자리하기보다는 앞선 범죄 항목들의 숨겨진 마음의 동기를 보여줍니다. 제6~9계명까지는 모두 부정문으로 진술되었고 탐욕 때문에 발생되는 범죄들입니다. 그러므로 하나님을 진실되이 섬기기 위해서는 무엇보다 '탐심'이 있어서는 안 됨을 지시 받습니다.

그래서 긍정으로 진술된 제4계명과 5계명이 중요합니다. 부정으로 진술된 카테고리에는 '하지 말아야' 될 것들이 소개됩니다. 이제 신앙인이라면 누구나 '해야 될' 항목으로 4, 5계명이 제시됩니다. 제4계명은 하나님의 백성 됨을 나타내는 일과 관련됩니다. 제5계명은 사회의 기초단위인 가정의 윤리를 적시합니다.

그러므로 언약법인 십계명은 안식일이라고 하는 종교 · 제의적 측면에서와 부모 공경의 가정과 사회적 측면에서, 공히 하나님을 섬길 것을 요구합니다. 그리고 적극적인 섬김을 실천함에 있어서 늘 '탐심'을 조심해야 합니다. 그러므로 '열 가지 말씀들'은 사실은 한 주제로 통합됩니다. '온갖 탐심을 물리쳐 삶의 모든 자리에서 하나님 섬김에 동참하라!'

탐심을 품고서는 참된 섬김에 이를 수 없습니다. 그가 어떤 종교적 행위를 한들 그 섬김은 위선과 외식에 지나지 않습니다. 십계명 논쟁사가 기록된 주된 이유는 외식적 신앙을 경계하기 위함입니다. 양심이 죽으면(외식) 언약에서 버려짐을 피할 수 없습니다.

욕심이 잉태한즉 죄를 낳고 죄가 장성한즉 사망을 낳느니라(약 1:15).

믿음과 착한 양심을 가지라 어떤 이들은 이 양심을 버렸고 그 믿음에 관하여는 파

선 하였느니라(딤전 1:19).

흔히들 대인관계의 계명보다 대신관계의 조항이 더 중요한 것으로 이해합니다. 그 조항을 지키는 이상 언약 백성(구원 얻음)이라고 생각합니다. 하지만 이는 잘못된 이해에 근거한 착시현상일 뿐입니다.

여호와 하나님은 독단적인 섬김의 요구자입니다! 그것은 1~3계명이 요구하는 바입니다. 그러면 어떻게 하나님을 진실되이 섬길 수 있을까요? 우상 만들지 않고 헛소리 안 하면 될까요? 아닙니다! 섬기는 대상이 누구인가를 알고 그분만을 따르라! 이것을 담아낼 뿐입니다.

섬김의 방편은 제4계명 이하의 말씀에서 지시 받게 됩니다. 그러니 십계명의 요구를 준행하려는 자는 4계명을 포함한 대신관계의 조항들을 소홀히 할 수 없습니다. 더 이상 십계명은 분절된 체계가 아니라 하나의 '헌장'처럼 통전적으로 읽혀져야 합니다.

하나님 사랑 따로 있고 이웃 사랑 따로 있지 않습니다. 이웃 사랑을 통하여 하나님 사랑에 이르고, 하나님을 사랑함으로써 이웃 사랑에 동참하게 될 뿐입니다. 하나님은 그 백성들 가운데 거하여 힘을 주시고, 그 백성들은 하나님과 함께하여 그 뜻에 동참하는, 함께 어우러지는 삶입니다. 이것이 언약 백성들의 삶입니다.

내가 아버지의 계명을 지켜 그의 사랑 안에 거하는 것 같이 너희도 내 계명을 지키면 내 사랑 안에 거하리라(요 15:10).

1장 더 나은 '의'

예수님은 제자단을 비롯한 무리들의 오해를 불식시키고자 하십니다. 이스라엘이 경험치 못한 새로운 어떤 것을 퍼뜨리는 사람으로서 인식되기를 원치 않았던 것입니다. 예수님은 이스라엘이 받지 못할 어떤 것을 전하는 자가 아니라 너무도 평범하여 누구나 받을 수 있는 '그' 말씀을 전하는 자로 알려지기를 원하셨습니다.

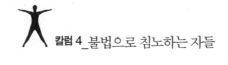

오늘날 크게 오해되는 구절이 있습니다.

세례 요한의 때부터 지금까지 천국은 침노를 당하나니 침노하는 자는 빼앗느니라
(마 11:12).

십자가에 의지하여 거침없이(침노해) 돌진해가는 모습을 상상합니다. 천국 입성의 은혜성을 강조하고, 구원의 신속성과 확실성을 설교합니다. 천국을 위한 전투적 자세와 전도대의 활동을 독려합니다. 그래서 일부 부작용도 발생합니다. 신자를 전도하여 교회를 옮기게 합니다. 성도를 놓고 쟁탈전을 벌이는 것입니다. '침노하는' 자가 빼앗기에 양심상 꺼려질 일도 아닙니다. 그러나 정말 그러합니까? 이것이 천국 입성의 은혜성을 강조하는 본문일까요?

공동번역본에서는 좀 달리 번역됩니다.

세례자 요한 때부터 지금까지 하늘 나라는 폭행을 당해 왔다. 그리고 폭행을 쓰는
사람들이 하늘 나라를 빼앗으려고 한다.

개역개정판이 긍정적으로 번역된 반면 공동번역본은 부정적입니다. 번역은 이미 해석이라 하지 않았던가요? 해석상의 차이가 선명하게 드러나 있습니다.

앞서 오해라 말했던 이유는 문맥의 분위기 때문입니다. 문맥을 살펴면 '부정적' 어조와 패턴을 확인하게 됩니다. 세례 요한의 의혹으로부터 이야기가 시작됩니다(2~6절). 세례 요한의 독특한 구원사적 위치에 대한 설명이 이어집니다(7~15절). 그리고 12절은 바로 이 단락에 위치합니다. 요한과 예수를 거부하고 배척하는 불신의 세대가 고발되면서(16~19절), 그에 대한 책망이 기록됩니다(20~24절).

그렇다면 무지개와도 같이 찬란한(?) 구원이란 대체 무엇이란 말입니까! 더욱이 세례 요한은 지금 감옥에 있습니다!

세례 요한은 예수님을 대면했다는 이유로 구약의 어느 선지자보다도 큰 자가 됩니다. 그는 구원사의 전환기에 위치해 있음이 분명해 보입니다. 하지만 예수 그리스도를 바로 앞서서 지시한 자보다(10절), 그리스도와 함께 하나님의 통치 속에 거하는 자는 견줄 수 없을 만큼 존귀합니다! "천국에서는 극히 작은 자라도 그보다 크니라".

주님을 지시한 자가 크면 얼마나 크겠습니까? 주님과 더불어 거하는 자가 더 크지 않겠습니까? 말씀이 지시하는 바입니다. 결국 핵심은 예수 그리스도입니다. 예수 그리스도는 천국의 중심입니다. 그를 기준으로 그 가치가 결정됩니다. 그를 떠나서 천국은 생각해 볼 수 없습니다. 그래서 천국의 '비밀'이라고 스스로 말씀하셨습니다(13:11). 그러나 그럼에도 불구하고 천국은 폭행을 당하여 온 것입니다! 앞선 사자(使者)는 감옥에 갇혔고, 스스로는 거절과 배척을 당합니다.

종교 지도자들은 세례 요한을 옥에 방치합니다. 그러고는 좋아라 했을 것입니다. 광야에서 외치는 소리는 랍비의 전통과 계보라는 정통적인 입장에서는 결코 달가운 존재가 아니었기 때문입니다. 그러므로 임박한 하나님의 나라는 멍들고 있음이 분명해 보입니다. 회개함 없이 천국 백성입네 하는 이들로 말미암아 천국이 타격을 받습니다.

기득권자들은 예수의 추종자 또한 탄압할 것입니다. 이들은 이미 이단으로 내몰렸습니다(9:34). 따라서 하나님의 다스림은 심각한 위기를 맞고 있었습니다. 이것이 12절의 의미입니다. 여기에 구원의 은혜성, 전투성, 확실성은 찾아볼 수 없습니다. 이 모든 것은 교리적 시각으로 본문을 보기 때문에 생기는 단순한 오해입니다.

12절을 살핀 이유는 천국은 누구에게나 열려 있지만, 그렇다고 누구나 진입할 수 있는 것은 아니기 때문입니다. "회개하라! 천국이 가까이 왔느니라"는 선포는 진실로 적용되어져야 합니다. 천국은 하나님의 다스림이라고 했습니다. 다스림에 순종함이 없이 다스림 안에 머문다는 것은 어불성설입니다. "율법의 일점일획도 결코 없어지지 아니하고 다 이루리라"는 천명에서, "너희 의가 서기관과 바리새인보다 더 낫지 못하면"이라고 한 대목에서 예수님은 이 점을 분명히 하십니다.

부자와 거지 나사로의 비유를 기억해보십시오. 음부의 고통 가운데에서 부자는 간청하지 않았습니까?

> 내 형제 다섯이 있으니 그들에게 증언하게 하여 그들로 이 고통 받는 곳에 오지 않게 하소서(눅 16:28).

이에 대한 아브라함의 답은 "그들에게 모세와 선지자들이 있으니 그들에게(성경) 들을 지니라"는 것입니다. 말씀에 대한 회개의 결단 없이, 말씀을 듣고 순종함이 없이는 천국에 거할 수 없습니다.

1-1 더 나은 의

17절 내가 율법이나 선지자를 폐하러 온 줄로 생각하지 말라 폐하러 온 것이 아니요 완전하게 하려 함이라

18절 진실로 너희에게 이르노니 천지가 없어지기 전에는 율법의 일점일획도 결코 없어지지 아니하고 다 이루리라

19절 그러므로 누구든지 이 계명 중의 지극히 작은 것 하나라도 버리고 또 그같이 사람을 가르치는 자는 천국에서 지극히 작다 일컬음을 받을 것이요 누구든지 이를 행하며 가르치는 자는 천국에서 크다 일컬음을 받으리라

20절 내가 너희에게 이르노니 너희 의가 서기관과 바리새인보다 더 낫지 못하면 결코 천국에 들어가지 못하리라

① 율법이나 선지자를 … 완전하게 하려 함이라

자구(字句)에 치우쳐 고찰하는 경향이 있습니다. 그래서 문맥이 주는 축복을 제대로 누리지 못하게 됩니다. 율법이나 선지자란 모두가 동의하듯 성경을 가리킵니다. 그렇다면 성경을 완전하게 하려 한다는 것은 무엇입니까?

성경은 하나님의 마음을 대변합니다. 그 말씀 말씀은 하나님의 성품과 정확히 일치됩니다. 말씀을 통하여 그분의 뜻을 깨닫게 됩니다. 그러므로 예수님의 말씀은 하나님의 마음과 성품에 일치하도록 성경

말씀을 풀어 그 참된 진의를 드러내겠다는 것입니다. 그리고 이 선언은 20절 '더 나은 의'의 내용이 됩니다.

② 너희 의가 서기관과 바리새인보다 더 낫지 못하면

'더 나은 의'와 관련하여 여러 방도로 접근할 수 있겠습니다. 하지만 문맥은 그와 같은 시도를 허락하지 않습니다. 문맥이 가져다주는 축복은 명료하고 또 하나여서 언제나 힘이 실립니다.

팔복에 선포된 '의'의 개념은 예수님의 마음에 '더 나은 의'로 새겨져 있음에 틀림없습니다. 그렇기에 "나로 말미암아…"(5:11)라고 말할 수 있었던 것입니다. 이는 마치 사도 바울이 "너희는 나를 본받는 자가 되라"고 말할 수 있었던 이유와 같습니다.

'더 나은 의'란 말씀에 나타난 하나님의 마음과 성품에의 일치를 말합니다. 그렇기에 제자들은 하나님의 마음과 성품을 대표하게 될 것입니다. 이것이 예수님의 전망이요 확신이었습니다. 그러므로 '완전하게 한다'는 것과 '더 나은 의'는 그 의미에 있어서 하나입니다. 그것은 하나님 성품에의 일치됨입니다!

③ 결코 천국에 들어가지 못하리라

산상 설교의 언약적 배경에 대해 계속하여 살펴보겠습니다. 여기 '천국'은 언약 체결로 현존하게 될 하나님의 다스림과 통치를 말합니다. 이미 제자들은 예수님으로 말미암아 하나님의 다스림 안에 있는 것이어서 그로 인한 돌봄과 샬롬(안식과 평화)을 얻습니다.

그렇기에 미래적, 사후적 체험으로만 제한하면 예수님과의 불일치를 낳습니다. 천국은 현재적 국면이요, '지금 여기'에서의 다스림을 지시합니다. 다스림은 미래에 받게 될 것이 아니요, 지금 여기서부터 영원토록입니다.

하나님께는 개개인의 미래(내세)만큼이나 현재 또한 중요합니다. 그분은 언약 백성들의 현재를 축복하길 원합니다. 12장 49~50절에서 제자들을 '가정 식구'라 했으며, 16장 16절에서는 '내 교회'라 칭합니다.

예수님의 부활 후 오순절에 이르러 '내 교회'는 성령 강림에 의해 폭발적으로 증가하게 되면서 하늘의 예비된 모든 복을 누리도록 말씀과 은사와 직분이 설립됩니다. 이 모든 것은 현재를 위한 은혜로우신 하나님의 방책이었습니다.

주 예수 그리스도의 은혜와 하나님의 사랑과 성령의 교통하심이 너희 무리와 함께 있을지어다(고후 13:13).

1-2 더 나은 의의 결과

바리새인과 서기관들도 그 사회 속에서는 하나님의 의를 행하며 가르치는 것이지만, 그것은 구약말씀에 의해 지지 받을 수 없는 거짓 의일 뿐이었습니다. 예수님은 논리 전개에 있어서 이것을 항상 전제하셨습니다.

예수님의 공생애 기간을 살펴보면, 바리새인과 서기관들보다 '더 나은 의'를 실천하셨기에 거기에는 항상 기쁨의 한마당 잔치가 벌어졌습니다. 사마리아의 수가성(요 4장)에서도 그랬고, 삭개오(눅 19장)가 영접했을 때도 그랬고, 세관에 앉은 레위를 부르셨을 때(눅 5장)도 그랬습니다. 사실 모든 국면이 잔치여서 심지어 '포도주를 즐기는 자'(마 11:19)라는 꼬리표가 붙기까지 했습니다.

반면 '보다 덜한 의'를 행하였던 바리새인과 서기관들의 모습은 어떠했던가요? '부자와 거지 나사로'의 예화(눅 16장)에서처럼 자비와 긍휼 없는 자기들만의 잔치판(호화로운 음식상으로 대표되는)을 매일같이 즐겼던 것입니다. 하지만 그들만의 잔치일 뿐입니다. 은혜가 없는 잔치는 이미 잔치가 아닙니다. '더 나은 의'는 그래서 천국을 반영하는 참된 의가 되어 하나님의 나라를 보장합니다.

요한복음 1장은 예수님을 이렇게 소개합니다.

그 영광은 아버지께서 주신 독생자의 영광이며 그 안에는 은혜와 진리가 충만하더

라(14절).

　예수께서는 천국의 주인 되신 하나님 아버지와 동일한 영광스러움을 가지시는데, '은혜와 진리'에 기인한 영광스러움이었습니다. 은혜만도 아니요, 그렇다고 진리만도 아닌, 은혜와 진리로 충만하셨습니다. 은혜라고 하면서 진리에 기초하지 않는다면 하나님의 말씀이 아닙니다. 진리라고 하면서 은혜가 없다면 예수님이 아닌 것입니다. 완전한 은혜요, 완전한 진리여야 합니다.

　요한복음 3장 16절에서 예수님은 하늘에서 내려온 자로서, 하늘 아버지의 마음을 대표하여 딱 한마디로 전하셨는데, 그것은 "세상을 사랑하신다"는 것이었습니다. 그러고는 그 길을 가셨습니다. 모세가 광야에서 뱀을 들었듯이!

　진리이신 말씀은 은혜를 가져옵니다. 심판이나 정죄가 아닌 자비와 용서를 줍니다. 이것이 예수님 사역의 비밀이며 '더 나은 의'의 핵심입니다.

2장 자기 의

본 단락은 형태에 있어 십계명에 기초하며, 내용에 있어서는 살인과 간음 그리고 맹세의 문제를 다룹니다.

마 19장 16절 이하에서 부자 청년이 예수께 나아와 "영생을 얻으려면 무슨 선한 일을 해야 합니까?"라고 물었습니다. 그때 예수께서는 "어찌하여 선한 일을 나에게 묻느냐, 선한 분은 오직 한 분뿐이시다"고 하시며 계명들을 지키라고 말씀하셨습니다.

여기에서 예수께서 언급하신 계명들은 다름 아닌 십계명이었습니다. 무슨 의미입니까? 예수님은 선한 분에게서 나온, 그래서 선한 계명들에 주목하도록 하신 것입니다. 이미 영생 얻기에 합당한 계명의 말씀들은 명백하게 주어졌던 것입니다.

이스라엘 사회는 하나님의 말씀(율법)에 기초한 하나님의 왕국이라 할만 합니다. 그들 또한 자신들을 선하신 하나님의 선한 백성들로, 의로우신 하나님의 의로운 백성들로 자부했습니다. 그런 의미에서 이스라엘 전체는 하나님의 왕국, 의의 도성이라 할 것입니다. 하지만 실제는 달랐습니다. 하나님의 말씀을 맡았지만, 그 말씀을 따르지는 않았습니다. 그 말씀을 이렇게 저렇게 변개하여―혹은 사사로이 해석하여―그 말씀에서 드러나야 할 하늘의 마음(선함)을 거세해 버렸습니다.

이것이 선한 사마리아인의 비유(눅 10장)를 통해 우리에게 주는 교훈입니다. 제사장과 레위인은 죽어가는 강도 만난 자를 버려두고 그냥 지나쳐 갔습니다. 제사장과 레위인은 하나님을 섬기는 사람들을 대표합니다. 그렇기에 하나님을 섬기는 사람들이 하늘의 마음을 외면했던 것입니다. 이것이 핵심입니다. 불쌍히 여기는(긍휼) 하늘의 마음을 외면한 종교인은 그가 아무리 뛰어나게 종교적 책무를 잘 감당하였다 한들 이미 하나님의 사람은 아닙니다.

마 15장에는 장로들의 유전을 빌미로 계명을 어기는 사례 한 가지가 소개됩니다. 고르반으로 알려진 일입니다. 이어 "나를 헛되이 예배한다"는 예수님의 음성을 듣게 됩니다. 무엇입니까? 예수님의 분석에 의하면, 이스라엘은 의의 왕국이 아니라 자기 '의'의 왕국일 뿐이었습니다.

사랑 받을 만한 부자 청년에게 주님은 말씀하셨습니다.

네가 온전하고자 할진대 가서 네 소유를 팔아 가난한 자들에게 주라(마 19:21).

'소유를 버림'이 천국 입성을 위한 유일무이한 계명으로 명령되어진 게 아니었습니다. 주변의 가난한 이웃을 향한 자비의 실천은 십계명의 요체가 됨을, 그래서 자비 없는 계명의 실천은 하늘의 의와 그 마음과는 전혀 상관없는 행위임을 밝히시는 대목일 뿐입니다.

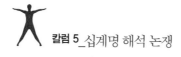

그리스도인들은 십계명을 어떻게 적용해 왔을까요? 나는 교회의 십계명 교육에 강한 의구심을 갖습니다. 십계명은 단지 죄인 됨을 증명할 훌륭한 방편으로 애용될 뿐입니다. 십자가에 나타난 하나님의 사랑을 선포하기 위하여 세상 모든 사람들은 죄 아래 가두어져야 합니다. 유죄 판결이 내려져야 했고 십계명에 의거 확정됩니다. 그러므로 십계명은 주인공을 폼나게 하는 엑스트라에 지나지 않습니다. 십자가 복음을 설명하기 위해 잠시 등장할 뿐입니다. 내면의 죄성을 자각하게 되면 그것으로 임무는 종결됩니다.

하지만 이는 교회를 위하여 매우 안타까운 일입니다. 십계명과 삶이 분리되기 때문입니다. 십계명을 내면 윤리[24]로 잠수시키는 일은 행실에 대해서는 상관하지 않겠다는 소리처럼 들리기 때문입니다.

십계명은 어떻게 적용되어야 합니까? '선한 사마리아인의 비유'가 답을 줍니다(눅 10장). 여러분에게 질문하겠습니다. 이 비유에서 살인죄에 해당하는 중죄인은 누구인가요? 강도들입니다. 하지만 더 있습니다. 사마리아인을 피하여 지나친 제사장과 레위인 또한 살인죄로부터 자유로울 수 없습니다. 살인방조죄가 있지 않습니까?

이웃의 신음소리와 비참한 현실을 보고도 외면한 이들은 강도와 다름없습니다. 도움을 하소연하는 이웃의 처지에 자비를 베풀지 아니하

---

24 마음으로 한 살인(미움과 증오)과 간음 또한 범죄라 하여 십계명의 적용을 내면 윤리로까지 확대한다.

는 자는 다 이와 같습니다. 주님은 사람들의 무정한 처사[25]가 하나님 나라에 합당치 않음을 잘 드러냈습니다.

이 말에 동의합니까? 그렇다면 당신은 하나님 나라의 원리에 합당하게 살고 있습니까? 살인뿐 아니라 간음의 현장에서 들려오는 울부짖음이 이 세계에는 없습니까? 합법적인 도적질[26]로 사회 양극화가 심화되고 있지 않습니까? 거짓 증거로 인해 억울함을 겪는 이들은 없습니까? 부자들을 부러워하며 그 이상으로 살고자 가난한 이웃의 고통을 외면하지는 않았습니까? 스스로 뒤돌아볼 일입니다.

이 비유에는 흑기사가 등장합니다. 그러나 그는 정통 유대인이 생각하는 그런 류(類)의 흑기사는 아니었습니다. 오히려 반대편 극단에 존재하는 '사마리아인'이 주님에 의해 흑기사로 선발되었습니다. '따그닥, 따그닥' 죽은 채 나뒹굴고 있는 시체 가까이 다가가고 있는 이 사람의 존재는 묘한 흥분을 자아냅니다. 그렇지 않습니까?

오늘날 주인공을 영웅시 하는 영화가 얼마나 많습니까? 죽음의 공포가 짙게 드리어진 현장에 주인공이 '짠~' 하고 나타나면 모든 게 뒤바뀝니다. 예수님의 시나리오 또한 그렇게 진행됩니다. "가서 너도 이와 같이 하라". 시나리오가 전하는 교훈은 예나 지금이나 변함이 없어 보입니다.

---

25 사도 바울은 로마서 1장에 기록된 죄의 목록에 '무정함'을 삽입한다(31절).
26 개인 소유권에 대하여 무제한적인 권리를 주는 일은 일반적인 정서에 맞지 않는다. 그럼에도 법이 그것을 보장하는 것은 그 법의 제정이 소수 부유한 권력자들에게서 나왔음을 의미한다. 더욱이 노동의 대가도 아닌 공기와 물 같은 토지에 대하여 소유권을 인정하는 일은 일반 대중에 대한 권력자들의 합법적인(?) 약탈이다. 이에 대하여는 찰스 아빌라의 『초대 교부들의 경제사상 ; 소유권』(CLC)을 참조.

"가서 너도 이와 같이 하라". 그러나 우리는 너무나 바쁩니다. 이웃에 신경 쓸 겨를이 없습니다. 고통과 신음에 찬 현장에서 눈을 못 떼시고 마침내 모세를 투입하셨던 하나님, 고통 받고 유리하며 방황하는 인생들의 현장을 찾아 다니셨던 예수님!

그러나 우리는 외면하고 맙니다. 어쩌면 주를 위하여 우리는 적극적으로 외면하고 있는 것인지도 모릅니다. 이야기 속 방관자들처럼 거룩한 삶을 위하여, 예배에 목숨 걸기 위하여, 우연이나 무계획적인 혼란스러운 일들은 피해야만 합니다. 하지만 이는 예수님의 교훈과는 정반대편의 자리에서 영성을 외치는 일이 됩니다. 이것이 우리의 비극입니다.

예수님은 잘못된 영성을 교정하고자 십계명의 말씀에 지속적으로 천착하셨고, 그것의 바른 의미를 설파하셔야 했습니다. 하지만 여전히 교회는 바리새인의 십계명 범주에 머물고 맙니다. 예나 지금이나 영성에 별반 차이가 없습니다.[27] 여전히 우리는 십계명의 말씀을 내면의 강력한 윤리규정으로만 해석할 뿐입니다. 우리의 본성이 얼마나 부패하였는지를 논단할 좋은 방편으로만 십계명을 이용할 뿐입니다.

그러나 십계명은 언약법입니다! 결코 내면의 죄성에 대한 반박할 수 없는 증거용으로 주어진 것이 아니었습니다. 언약 안에 거하는 백성들의 삶에 구체적으로 적용되어 언약 백성다운 합당한 삶을 살 수 있도록 주어진 것입니다.

---

27 바리새인들이 그것에 여러 가지로 울타리를 만들어 문자적으로 지켜보려고 했던 것이나, 현대인들이 십계명을 도외시해 버림은 공히 주님의 뜻에서 한참을 벗어나 있는 것이다.

통전적으로 십계명을 읽게 되면 깨닫게 되는 중요한 수확물이 있는데, 그것은 안식일의 중요성입니다. 이원론적 구조(앞서의 분절된 체계를 말함) 하에서는 드러나지 않았던 하나님 섬김의 제일 중요한 덕목으로 안식일이 부각되어 실천적 방도 중 수위를 차지하기 때문입니다.

그러나 안식일의 중요성은 5계명 이하의 '말씀들'을 포괄한다는 점에 있습니다. 즉 5계명 이하의 말씀들은 안식일 준수에 딸린 부칙일 뿐입니다. 그러므로 하나님을 진실되이 섬기고자 하는 이들은 반드시 안식일을 준수해야 했습니다. 이것이 전부여서 이것을 지나 다른 어떠한 섬김도 하나님 섬김에 미치지 못하는 것이 됩니다.

오해하지는 마셨으면 합니다. 안식일 준수라니! 물론 안식일 준수에 담긴 여러 차원의 내용들이 있습니다. 안식일은 우리가 생각하듯 어느 한 날에 국한된 것이 아닙니다. 십계명에서의 안식일은 보다 넓은 차원을 대표합니다. 앞서도 제5계명이 가정을 대표하는 사회윤리의 근간이 되는 것을 말씀드렸지만, 이는 참된 안식일의 바른 의미를 지시할 뿐입니다. 이제 그 설명에 대해 잠시 나누도록 하겠습니다.

레위기는 언약의 심장과 같은 책입니다. 언약의 목적이라 할 수 있는 '거룩한 백성'됨에 대해 상술하기 때문입니다. 그 레위기에 안식일이 안식년과 희년을 대표하는 점[28]은 특기할 만합니다. 부록에서 상세히 다루게 되겠지만, 그 계명의 진가는 경제 운용에 있습니다! 안식일(안식년과 희년을 포함한)은 '쉼'을 핵심으로 하는데, 쉼이 포기 되고 허용 되지 않는 상황의 제일원인은 경제, 즉 돈에 있기 때문입니다.

---

28 송제근, 『오경과 구약의 언약신학』, 두란노(p.353上)

돈은 맘모니즘(배금주의)을 낳습니다. 돈이 제1의 가치와 목표가 되면 평생 만족을 모르게 됩니다. 돈은 많을수록 좋은 것이어서 필시 부의 확대를 위한 돈의 전쟁에 뛰어들게 됩니다. 그렇게 부의 편중현상은 가속화됩니다. 돈이 돈을 벌어주기 때문입니다.

그러므로 규모의 경제하에서 대중들의 삶은 무너지고 피폐하여져 하류로 전락하고 맙니다. 어용학자들은 '제로섬'이 아니라지만, 그 많은 돈은 다 어디로 갔습니까? 피폐해진 만큼 일부는 부유하게 되었습니다. 소수의 독점은 역사 내내 진행되어 온 현상이어서 새로울 것이 없습니다. 그렇기에 안식일의 쉼은 경제의 문제를 도외시할 수 없습니다.

가정이 파괴되고, 직장이 폐쇄되고, 기업은 무너지고, 국가마저 부도가 납니다. 젊은이들이 꿈을 잃고 좌절합니다. 삶의 무게를 못 이겨 자살을 선택합니다. 이것이 예배의 부흥을 꿈꿀 수 있는 상황인가요? 진정한 예배가 가능하겠습니까? 부자는 좋은 것을 누리느라 예배에 소홀해지고, 빈자는 심리적, 육체적으로 예배로부터 멀어집니다. 쉼이 축소되고 약탈되고 제거되기 때문입니다. 그러므로 안식일이 희년과 관계하여 어떻게 운용되어지는가 하는 점은 그것이 하나님 섬김이냐를 결정할 바로미터가 된다 하겠습니다.

느헤미야는 안식일에 장사하며 상거래하는 이들을 보았습니다. 그는 이들을 엄히 단속해야 했습니다. 언약을 배반하고는 참다운 하늘의 복을 기대할 수 없기 때문입니다. 하지만 안식일 준수는 그것만으로는 부족한 것이 됩니다. 왜일까요? 금하고 경계하고 분리한다고 해서 그것이 진정한 쉼과 섬김으로 이어지는 것은 아니기 때문입니다. 느헤미야가 그 사회에 진정한 섬김과 부흥의 지도자가 될 수 있었던

것은 앞서 빚 청산이 있었기에 가능한 결과였습니다.[29]

그는 백성의 깊은 쪼들림과 생계의 위기를 완화시켜줄 방책을 시급히, 그리고 효과적으로 시행하였습니다. 생각해 보면 너무나 당연한 일입니다. 빚 독촉에 내몰리며 굶주리는 상황이라면 어찌 예배에서 은혜를 얻을 수 있겠습니까? 어찌 그 마음이 하나님 앞에서 쉼을 얻을 수 있겠습니까? 빚 청산(또는 용서)이 있었기에 참 하나님 섬김에 이르게 된 것입니다. 그러므로 개인과 집단의, 그리고 국가의 위기지수는 안식일법의 운용[30] 결과에 대한 성적을 반영하며, 하나님 섬김이냐를 결정짓는 시금석임을 깨닫게 됩니다.

제4계명인 안식일 준수에 대해 이러한 차원들을 고려하게 되면, 이어지는 10계명까지가 사실 '안식일 준수'라는 한 계명에 수렴됨을 알 수 있습니다. 탐심(제10계명)이 원인이 되어 일어날 수 있는 제반(6~9계명) 사건들은 하나님의 '샬롬'을 해치게 되어 참 섬김과 예배(제4계명)에 이르지 못하게 됩니다.

그러므로 성도들은 예배(안식일)와 경제(탐심을 자아내는 돈)의 밀접한 연관에 눈을 부릅뜨고 지켜봐야 합니다. 예배가 단지 우상숭배에 지나지 않는가 하는 것을 가리는 제4계명이, 그것이 지시하는 경제 운용을 살펴 판가름하게 되기 때문입니다.

제사(예배)의 심장이라고 한 레위기에 왜 희년이 기록되었을까요?

---

29 느헤미야의 부흥에 대해 우리는 그가 가난한 자들의 부르짖음에 어떻게 반응했으며 (5장), 그 사회가 어떻게 호응했는지를 간과치 말아야 한다. 5장이 없었다면 13장의 개혁 또한 없다!

30 안식일 규례는 레위기서에서 안식년과 희년의 규례로 확장되고 있다. 빚 청산이란 안식년과 희년의 핵심사항으로 안식일의 적극적 운용이라 하겠다.

탐심에 기초한 삶은 예배의 호불호를 막론하고 다 우상숭배로 귀결되며, 그렇게 하늘 법정에서 판결될 수밖에 없음을 깨닫게 하기 위함이었습니다.

최근 몇몇 교회가 자금 횡령과 착복으로 갈등을 겪고 있는가 봅니다. 참으로 안타까울 뿐입니다. 예수님을 찾아왔던 '부자 청년'의 이야기를 듣습니다. 그가 가진 '영생'의 문제란 하나님과의 관계 회복 외에 다른 것이 아니었습니다. 예수님은 제5계명부터 친히 말씀하시며 이를 지키라 하였고, 청년은 주저함 없이 다 지켜왔다고 자신 있게 대답합니다. 하지만 예수님은 그것으로 만족할 것이 아니고 그가 가진 재물로 이웃 사랑에 동참할 것을 요청하셨습니다. 그러나 청년은 이 지점에서 그만 근심하며 돌아가고 맙니다. 이 부자 청년은 재물은 지켜냈지만 영생을 잃었고, 그렇게 하나님과의 관계 또한 회복이 불가능하게 되었습니다.

부자 청년의 이야기에서 우리가 얻을 수 있는 가장 핵심적인 교훈은 무엇일까요? 그것은 경건과 영성이 한 개인의 영역으로 국한되어 평가되지 않는다는 점입니다. 공동체 속에서 경건은 훈련되어지고 평가될 뿐 그것을 개인의 일로 치부하는 것은 다 참된 신앙에서 멀어지는 일일 뿐임을 인식할 수 있어야 합니다.[31] 이로써 예수님은 십계명의 가장 중요한 핵심을 풀어놓으셨습니다.

이제 논의를 정리합니다. 하나님 사랑과 이웃 사랑은 서로 분절되어 존재할 수 있는 것이 아닙니다. 이는 동전의 양면과 같아서 하나님

---

31 하나님 아버지 앞에서 정결하고 더러움이 없는 경건은 곧 고아와 과부를 그 환난중에 돌보고 또 자기를 지켜 세속에 물들지 아니하는 그것이니라(약 1:27).

을 사랑하는 이들은 이웃 사랑의 모습으로 나타날 것이고, 이웃을 사랑하는 이들 또한 하나님 사랑에서 멀지 않습니다.(그렇다고 행위 구원이나 공로 구원을 말하는 것이 아닙니다. 이에 대해서는 행 10:1, 31 참조.) 이웃 사랑의 요체는 안식일 준수에 있으며 안식일의 참된 준수는 희년에서 완성됨을 살펴보았습니다.

2-1 사회적 관행

21절과 33절은 본 단락을 나눔에 있어서 분수령을 이루고 있습니다. 같은 형식과 대칭적 구조를 보이는 평행절이기 때문입니다.

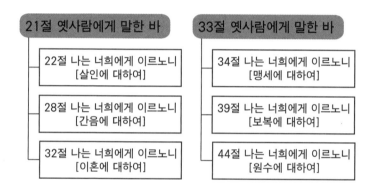

위의 구분에 대하여 인정하기가 그리 쉬운 것은 아닐 것입니다. 왜냐하면 살인(21절)의 문제와 맹세(33절)의 문제가 별개이듯, 살인과 간음(27절)의 문제는 별개이기 때문입니다. 즉 21절이 뒤이어 32절까지 전개되는 이야기를 대표할 수 있겠는가 하는 점입니다. 그러나 대표할 수 있습니다. 왜 그런가를 설명하겠습니다.

먼저, 살인의 문제를 대표하여 예수님이 전하는 바는 하나님의 형상대로 지음 받은 인생에 대한 무시와 모독이 하나님의 백성에게 합당치 않다는 것입니다. 하나님의 형상을 죽이는 일에는 '살인'만 있는 것이 아닙니다. 때로는 언어 폭력이 동반되는 사회적 약자에 대한 무시와 모독, 경제적 약탈 행위와 지적 약자에 대한 기만 등은 다 하나님의 형상을 파괴하는 것으로, 하나님의 백성들에게 있어서는 안 될 일입니다. 그리고 그런 의미에서 간음과 이혼의 문제가 나열됩니다.

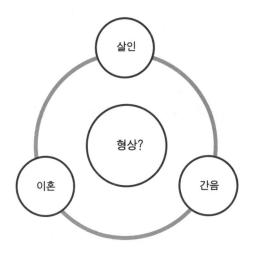

이미 잘 알려져 있듯이 유대인 남성들은 세 가지에 대하여 항상 감사기도를 올렸습니다. 그 세 가지는 이방인이 아닌 것, 노예가 아닌 것, 여자로 태어나지 않은 것으로, 이들을 하나님의 형상으로 인정치 않았던 것으로 보입니다.

이점을 생각해 보면, 본 단락의 요점은 하나님의 형상을 파괴함에 있는 것이라기보다는 하나님의 형상으로 인정하려 들지 않는 거만한 태도를 지적하셨던 것이라 하겠습니다. 그렇다면 예수님의 해석과 적용은 이스라엘 사회에서 배제된 그들을 하나님의 형상으로 복귀시키는데 초점이 맞춰집니다. 이들이 하나님의 형상이라면 그동안 합법적이었던 것이 더 이상 합법적일 수 없게 되는 것입니다.

둘째로, 맹세의 문제를 대표하여 예수님이 말씀하시는 것은 '하나님의 백성다움'을 무엇으로 드러낼 것인가와 관련됩니다. 고대세계에서 맹세의 문제는 단순한 인간사의 문제를 넘어 그것이 누구의 백성인가를 지시하는 정체성과 관련되어집니다(참고 렘 12:16, 16:14).

그러므로 하나님의 이름으로 맹세하는 이상 하나님의 백성임을 자부할 수 있었고, 외부세계에 대해서는 적이라고 규정하여 내부적으로 단합할 수도 있었습니다. 탈리오법(보복법)은 하나님 앞에서 지고한 가치를 부여 받을 수 있었고, "네 원수를 미워하라"(43절)는 사회적 합의에 도달할 수 있었습니다. 그렇기에 예수님은 맹세의 문제를 전면에 내세워 하나님의 백성다움을 무엇으로 확보할 것인가에 대한 전면적인 논쟁을 야기하셨던 것입니다.

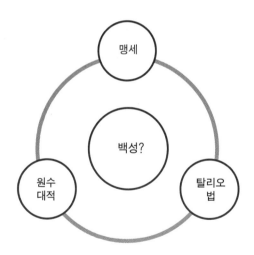

정리하면, 서기관들의 가르침에 있어서 그 본질이 드러나고 있습니다. '자기 의'에서 비롯된 거만함! 자신에게는 한없이 관대하지만 이웃

에 대해서는 엄정하여 비판과 정죄를 가르침의 골자로 한다는 것입니다. 그렇게 하여 하나님의 형상대로 지음 받은 인생에 대한 테러와 약탈은 개인적으로, 사회적으로 자행되어졌고, 또 그것이 하나님의 백성 다움을 보증하는 일이라 여겨져 온 것입니다.

2-2 여섯 반제의 말씀들

1) 살인하지 말라(21~26절)

21절 옛 사람에게 말한 바 살인하지 말라 누구든지 살인하면 심판을 받게 되리라 하였다는 것을 너희가 들었으나

22절 나는 너희에게 이르노니 형제에게 노하는 자마다 심판을 받게 되고 형제를 대하여 라가라 하는 자는 공회에 잡혀가게 되고 미련한 놈이라 하는 자는 지옥 불에 들어가게 되리라

23절 그러므로 예물을 제단에 드리려다가 거기서 네 형제에게 원망들을 만한 일이 있는 것이 생각나거든

24절 예물을 제단 앞에 두고 먼저 가서 형제와 화목하고 그 후에 와서 예물을 드리라

25절 너를 고발하는 자와 함께 길에 있을 때에 급히 사화하라 그 고발하는 자가 너를 재판관에게 내어 주고 재판관이 옥리에게 내어 주어 옥에 가둘까 염려하라

26절 진실로 네게 이르노니 네가 한 푼이라도 남김이 없이 다 갚기 전에는 결코 거기서 나오지 못하리라

서기관들은 공동체 구성원 중 의로운 자와 불의한 자를 양분하였고, 자신들을 의롭다고 믿으며 불의한 자에 대해서는 얼마든지 경멸하며 하나님의 형상(하나님의 백성)에서 배제시킬 수 있었습니다. 서기관들의 가르침은 종교의식과 예배 의무를 준수할 수 없었던 형편과

직업에 종사하는 이들을 죄인으로 규정해 놓고 그들을 멸시하여 왔습니다. 하지만 자신 또한 용서받아야 할 죄인임을 깨닫는다면 죄를 빌미로 '용서 없는' 한 평생을 강요한다거나 '죄인'이란 딱지를 자손대대로 전가시키는 일 따위는 하지 않을 것입니다.

ⓐ 우리는 본 계명에 대한 예수님의 말씀을 오해하여 '욕설'을 정죄한다든지 해서는 안 되겠습니다.

예수님은 '욕설' 자체에 대해서는 정죄하지 않습니다. 예수님 자신이 욕설을 내뱉지 않으셨던가요? '욕' 자체가 갖는 긍정적 기능(해학적, 정서적, 관계적 등)도 많지 않은가요!

"노함, 라가, 미련하다"는 3중 표현은 형제에 대한 단순한 욕설이기보다는 그 사회에서 그렇게 무시 받고 있는 '죄인'들을 가리키며, 하나님의 형상으로서 또는 하나님의 백성 됨에 합당한 모든 대우를 박탈당한 채 살아가는 이들을 지시합니다.

그래서 22절에서 예수님은 '형제'라는 호칭을 반복하여 사용하셨습니다. 우리는 그것을 가까운 사이쯤으로 이해하여 친구 사이의 예절정도로 본 가르침을 비하하여 왔습니다. 하지만 예수님의 의도는 형제라 부를 수 없는 그들에 대하여도 '한사코' 형제임을 강조하신 것입니다.

서기관들은 저들에게 자비 없는 한 평생을 강요하였으며 경멸하여왔습니다. 심지어는 그들의 소유에 대해서도 이렇게 저렇게 유린하며 농락했던 것을 23~26절까지를 미루어 짐작케 됩니다. 이는 실상 바리새인과 서기관들이 구축한 사회에서 그들에 대한 하나님의 백성 됨이 거절되었음을 의미합니다. 그렇기에 양심의 가책을 받는 일도 없었고 그것이 합법적인 것인 양 자행되어왔던 것입니다.

따라서 예수님이 왜 율법의 요체를 "대접받고자 하는 대로 대접하라"(7:12)는 말씀으로 표현하셨는지 쉽사리 이해됩니다. 죄가 있다면 용서받고 싶은 것이 인지상정인데, 서기관들이 지배하는 사회에는 '죄인'에 대한 자비와 아량은 조금도 들어설 자리가 없었습니다.

한 공동체의 구성원인 형제에 대한 이와 같은 관용 없는 정죄와 경멸 그리고 하나님의 백성 됨을 거부하는 일은 하나님의 형상대로 창조된 인간에 대한, 그리고 그를 부르신 하나님에 대한 모독일 뿐만 아니라 하나님의 형상을 죽이는 파괴적인 살인행위가 됩니다. 칼을 들지 않았다고 해서 살인하지 않은 것이 아니어서 하늘 법정에서는 엄정한 선고가 내려질 것입니다. 이를 생각하면 얼마나 무서운 일인가요? "지옥 불에 들어가게 되리라!" 자신을 의롭다고 믿는 저들의 자만심이 성경에 나타난 하나님의 마음에서 멀어지도록 하고 있을 따름입니다.

ⓑ 예수님은 23~26절에서 예배인에게 있어 예배보다 더 중요한 일은 서로를 존중히 여겨 화목하는 일임을, 그 어떤 일보다도 시급한 것은 업신여겼던 사람들에 대하여 용서를 구하는 일에 있음을 말씀하십니다. 이와 같은 일을 통하여서 예배가 회복될 수 있음을 말씀하십니다.

예수님의 말씀 중 "일곱 번씩 일흔 번까지라도 용서하라"(마 18:22)는 대목이 있습니다. 용서는 교회 공동체의 평화와 관련해 대단히 중요한 일임을 말씀하십니다. 우리가 용서하고 또 용서해야 하는 이유는 잘못을 범한 자가 하나님의 형상대로 창조된 하나님의 백성이요,

자녀이기 때문입니다. 그러므로 용서의 실천에 앞서 중요한 것은 상대방을 하나님의 형상대로 지음 받은 하나님의 사람으로 의심치 않는 일입니다.

기억할 것은 하나님의 의를 구하는 이들은 형제를 존중히 여기는 일에 최고의 가치를 두어야 한다는 것입니다. 왜냐하면 이들은 하나님의 형상으로 '보이는' 하나님이기 때문입니다. 하지만 서기관들은 최고의 가치를 예배에 두었고(렘 7:22~23), 재물에 두었습니다!

2) 간음하지 말라(27~30절)

27절 또 간음하지 말라 하였다는 것을 너희가 들었으나

28절 나는 너희에게 이르노니 음욕을 품고 여자를 보는 자마다 마음에 이미 간음하였느니라

29절 만일 네 오른 눈이 너로 실족하게 하거든 빼어 내버리라 네 백체 중 하나가 없어지고 온 몸이 지옥에 던져지지 않는 것이 유익하며

30절 또한 만일 네 오른손이 너로 실족하게 하거든 찍어 내버리라 네 백체 중 하나가 없어지고 온 몸이 지옥에 던져지지 않는 것이 유익하니라

이 부분은 이혼의 문제까지를 포괄합니다. 예수님은 십계명의 말씀이 어떻게 적용되어야 할지를 말씀하신 것이고, 그래서 간음하지 말라는 계명의 말씀이 이혼 문제와 관련하여 어떻게 적용되어야 할지를 서기관들의 가르침과 비교합니다.

ⓐ 28절 '음욕을 품고 여자를 보는 자마다 마음에 이미 간음하였다'

예수님의 말씀은 '그 마음'을 정죄하고자 함이 아니어서 청소년들을 정죄하지 않습니다. 성적 호기심과 성적 욕구가 왕성해지는 시기에 어찌 예쁜 이성에 대하여 발칙한(?) 상상을 하지 않을 수 있겠습니까! 사실 음욕의 문제로부터 자유로울 수 있는 사람이 몇이나 되겠습니까!

마음속의 불청객(음욕)을 막아낼 수 있는 사람은 없습니다. 음욕이란 다분히 생리적 현상에 뒤따르는 자연스런 행동입니다. 하지만 우리의 할 일은 해야 합니다. 그것을 구체화하지 않는 것입니다. 이어지는 말씀(29~30절), 마음에 찾아든 불청객이 구체화 되는 것을 엄히 경계하라는, 다소 과장된 표현이 이를 증명하여 줍니다.

만약 음욕 자체를 단죄하는 것이라면 예수님은 이렇게 말씀하셔야 했습니다. "만일 네 마음이 너로 실족케 하거든 그 마음을 불살라 버려라!" 28절에 "마음에 이미 간음하였다"는 말은 마음의 악을 깨달아 경계할 것을 엄정한 어투(마치 경구처럼)로 말씀하신 것일 뿐, 음욕 자체를 정죄한 것은 아닙니다.

그렇다고 음욕 자체에 대하여 결코 소홀히 하라는 뜻은 아닙니다. 음욕이 구체화(행동화)되면 이는 부득불 완력이 동원되어야 하며 상대에게 심대한 육체적, 정신적 상처를 주게 됩니다. 하나님의 형상대로 지음 받은 그 인격을 현저히 유린하게 됩니다. 그러므로 음욕을 결코 소홀히 할 수 없습니다. 음욕의 구체화는 심각한 폭력이요, 하늘 법정에서 살인과 방불한 심판을 받게 됩니다.

ⓑ 여기, 과장된 표현을 통해 예수님이 주시는 메시지가 있습니다. 마음을 휘젓는 악에 무방비 상태인 우리 자신에 대하여 슬픔과 아픔을 가져야 한다는 것입니다. 이와 같은 애통의 마음은 우리를 죄로부터 지켜 줄 것입니다.(기억합시다, 마음의 가난함 – 애통함 – 온유함!)

하지만 서기관들은 어떠합니까? 죄에 대하여 애통해 하는 대신 합법적인 절차와 방식으로 음욕을 구체화하는 기만적인 법을 만들어 냅니다. 그것이 당시의 '이혼법'이었습니다. 이 법에 의해 자신들의 '의'는 그 사회에서 담보되었겠지만, 이는 하나님의 '의'와 충돌하는 것으로 하늘 심판정에서는 거짓된 '의', 곧 불의함으로 선고될 것입니다.

예수님은 음욕 자체를 정죄하지 않았습니다. 동일하게 이혼[32] 자체를 정죄하지도 않습니다. 다만 정죄되는 것은 자신의 죄성에 대하여 슬퍼하는 대신, 기만적인 법을 만들어 간음을 합법화하는 후안무치한 행위일 뿐이었습니다.

3) 이혼 증서(31~32절)

31절 또 일렀으되 누구든지 아내를 버리려거든 이혼 증서를 줄 것이라 하였으나
32절 나는 너희에게 이르노니 누구든지 음행한 이유 없이 아내를 버리면 이는 그로 간음하게 함이요 또 누구든지 버림받은 여자에게 장가드는 자도 간음함이니라

---

32 교회가 이혼 문제에 관하여 도덕교사 모양 정죄하는 태도를 가지는 것은 유감스러운 일이다.

여러 형편과 이유에서 이혼 증서를 써야 할 경우가 있을 것입니다. 제3자가 왈가왈부할 일은 아닌 것 같습니다.

ⓐ 32절 '누구든지 음행한 이유 없이 아내를 버리면…'

예수님은 이혼에 이를 수 있는 단 하나의 조건만을 인정하고 있는 듯합니다. 하지만 '음행한 이유 없이'란 단서조항은 위에서부터 말씀하고 있는 '음욕'과 관련된 말씀으로, 아내에게 아무런 결격사유가 없음에도 불구하고 단지 남자의 '욕정' 때문에 이혼하려고 하는 경우를 상정하고자 등장시킨 표현일 뿐입니다. 따라서 합당한 이혼 조건에 대한 언급은 아닙니다. 그러므로 예수님의 말씀은 오늘날의 황혼 이혼을 정죄하지 않으며, 또 그 이외에 여러 경우에서 행해지고 있는 이혼에 대해서도 섣불리 단죄하지 않습니다.

ⓑ 하지만 어떠한 경우에는 간음죄가 됩니다.

예수님은 이것을 말씀하고자 하셨습니다. 마음의 차원에서 보면 어떠한 경우에는 마음에 찾아든 음욕과 욕정을 따라간 간음죄에 해당됩니다.

'음행한 이유 없이 아내를 버리면…'은 그 동기에 있어서 간음을 위한 이혼을 지시합니다. 이와 같은 이혼은 당시의 이혼법에 의해 보호받을 수 있겠지만, 마음의 차원에서 보면 음욕을 구체화하기 위한 이혼(간음)이어서 절대로 용납될 수 없는 것입니다. 더욱이 창조질서인 일부일처제를 지킨다는 명목으로 원래의 아내였던 여인을 버리기까지 하는 것입니다. 그렇다면 당시 여성들의 입장에서는 차라리 일부다처제를 선호하지 않았겠습니까?

하지만 당시의 서기관들은 남성들에 의한 이러한 인권유린을 방조했던 것이며, 합법화하기까지 했습니다. 저들은 돈 있고 힘 있는 짐승 남(?)이었습니다!

이와 같은 일로 인하여 얼마나 많은 이들이 힘들어 했을까요? 32절에서 예수님은 관련된 이들이 실족하고 있음을 말씀하십니다. 실족시키는 일은 공동체에 비극(화)을 불러오는 중범죄인 것입니다(참조 18장 7절).

여기서 다시 한 번 짚어야 할 것은 예수님은 욕정이 틈탄 그 마음을 정죄하셨다는 오해에 대해서 입니다. 마음에 음욕을 품음이 이미 간음에 해당된다면 '음행한 이유 없이'란 말씀과 관련하여 그 뜻이 뒤죽박죽 되어버린다. 음행이란 간음질 아니겠습니까? 그렇다면 마음에 간음한 이상 아내를 버리는 일은 매우 합법적인 일이 될 것이고, 그렇게 하여 모든 아내들은 버림받아 마땅하게 될 것입니다.

오늘날 한류가 거세다고들 하지만, 그래서 일본의 주부들이 자신이 좋아하는 스타를 찾아 한국까지 원정 온다고 합니다. 다들 정신 나간 매춘녀들이요, 이혼 당해도 싼 것이 됩니다. 이것은 정말 우스운 일입니다!

ⓒ 문제의 심각성은 파렴치한 그리고 중한 범죄들이, 성경에 의해 합법화된다는 데 있습니다.

신 24:1 이하에서 모세는 이혼 증서를 써주어 아내와 이혼할 수 있게 하였습니다. 그렇다면 아무 문제될 것이 없지 않은가, 항변할 수 있겠습니다. 하지만 이는 성경을 잘못 적용하는 대표적 예에 해당될 뿐입니다.

> **사람이 아내를 맞이하여 데려온 후에 그에게 수치되는 일이 있음을 발견하고 그를 기뻐하지 아니하면 이혼 증서를 써서 그의 손에 주고 그를 자기 집에서 내보낼 것이요(신 24:1).**

본 절의 말씀은 독립된 절로 존재하지 않습니다. 단락을 살피면 1절은 4절에 "…다시 아내로 맞이하지 말지니 이 일은 여호와 앞에 가증한 것이라…"는 말씀 때문에 등장하게 된 상황 설정에 지나지 않습니다(3절 "…죽었다 하자").

1절은 당시의 사회적 관례를 따라 기록된 것이지 하나님의 명령으로 주어진 것이 아닙니다. 더욱이 4절에 비추어 1절을 반추해 보면 이혼 증서를 써 주는 일에 그만큼 신중해야 하는 것이 하나님의 뜻임을 알게 됩니다.

그러므로 자기 행위를 변호하기 위한 용도로 성경 여기저기를 아전인수격으로 발췌해서는 하나님의 마음과 성품을 대변할 수 없음을 충분히 깨달아야 합니다.

하나님 앞에서 '의'가 없음을 깨달아 애통해하는 이들은 자기 마음을 속이고 이혼에 이르지는 못할 것이고, 더욱이 하나님의 말씀을 왜곡하여 인용할 수 없을 것입니다. 왜냐하면 '마음에 품은' 음욕을 구체화하기 위하여 '아내를 버리는 것'(이혼)은 변명할 여지없이 제7계명 간음죄에 해당되기 때문입니다.

하나님의 의를 이루고자 하는 이들은 합법(그리고 성경)을 가장하여 (빙자하여) 욕정과 욕망을 채우는 일이 없도록 그 마음을 살펴 항상 조심해야 합니다(사 10:1~2). 서기관들은 하나님의 말씀인 성경을 자기본 위적으로 인용하여 적용해 왔던 것이고 그로 인해 얼마나 많은 한(恨)이 하늘에 사무쳤을까를 생각하게 됩니다.

4) 맹세치 말라(33~37절)

33절 또 옛 사람에게 말한 바 헛 맹세를 하지 말고 네 맹세한 것을 주께 지키라 하였다는 것을 너희가 들었으나

34절 나는 너희에게 이르노니 도무지 맹세하지 말지니 하늘로도 하지 말라 이는 하나님의 보좌임이요

35절 땅으로도 하지 말라 이는 하나님의 발등상임이요 예루살렘으로도 하지 말라 이는 큰 임금의 성임이요

36절 네 머리로도 하지 말라 이는 네가 한 터럭도 희고 검게 할 수 없음이라

37절 오직 너희 말은 옳다 옳다, 아니라 아니라 하라 이에서 지나는 것은 악으로부터 나느니라

십계명 중 제9계명은 "거짓 증거하지 말라"입니다. 하지만 "맹세치 말라"는 계명은 9계명을 포괄하기에 굳이 양자를 나누어 생각할 이유가 없겠습니다.

너희가 도둑질하며 살인하며 간음하며 거짓맹세하며 바알에게 분향하며 너희가

알지 못하는 다른 신들을 따르면서(렘 7:9).

ⓐ 맹세의 문제야말로 '죄의 각성'이란 측면에서 보면 참으로 얼토당토 않은 일이 됩니다.

하나님께 맹세할 수 있다면 그는 아직 자신이 누구인지를 모르는 자요, 사람에게 맹세한다면 그 동기를 의심받을 만한 것입니다. 이것이 말씀의 요지입니다.

예수님은 말씀하십니다. "하늘로도…하나님의 보좌, 땅으로도…하나님의 발등상, 예루살렘으로도…큰 임금의 성, 네 머리로도…희고 검게 할 수 없음이라"(34~36절). 인생은 이 가운데 어느 것 하나라도 통제할 수 있는 것이 없습니다. 사실이 그렇지 않습니까? 영적인 것을 통제할 수 있습니까? 땅의 일들을 조절할 수 있겠습니까? 영적 중요성을 가짐이 우리에게서 비롯된 일인가요? 자신을 자신이 디자인하겠습니까? 사실이 그러할진대 더욱이 마음의 일을 어찌 장담하겠습니까? 그렇기에 맹세하는 일은 지양되어야 할 일입니다.

ⓑ 예수님은 맹세 자체에 대하여 정죄한 것이 아닙니다.

만약 그렇다면 예수님의 견해에 동의할 수 없을 것입니다. 구약은 맹세에 대하여 많은 부분을, 그리고 긍정적으로 다루고 있기 때문입니다(사 65:16).

예를 들면 할례가 그러하고, 시내산 계약 시 이스라엘 백성들이 하나님을 향하여 맹세하지(출 24:3, 7) 않았다면 결코 계약이 성사되지 않았을 것입니다. 사무엘서를 통하여 다윗이 하나님 앞에 어떻게 맹세했으며 그 맹세를 얼마나 중시했는가를 살펴보면 맹세는 축복의 통로일 지언정 정죄의 대상이 아님은 분명해 보입니다.

여기서 예수님은 하나님의 의를 이루고자 하는 자는 자신이 어떠한 자이며, 어떠한 상태에 있는 지를 늘 자각할 수 있어야 함을 강조할 뿐입니다.

ⓒ 특별히 맹세의 문제를 크게 언급하신 이유가 있습니다.

예수님 당시의 시대상은 '난세'(亂世)였습니다. 로마제국 아래 여러 가지 일로 분기탱천할 수 있는 극도로 예민한 시국이었습니다. 이러한 난세에는 개인적인 '보복'을 위해, 그리고 국가 차원의 '응징'을 위해 종종 맹세가 행해지곤 했습니다. 보복과 응징을 다짐하며 무모한 주 검의 현장으로 민중을 이끌었던 지도자들 몇 명이 성경에 기록되어 있 습니다(행 5:36~37). 따라서 맹세의 문제와 관련 보복법(탈리오법)을 비 중 있게 다루셔야 했던 이유가 바로 여기에 있습니다.

어떤 역사를 막론하고 정치인들은 자신의 권력을 강화하고자 할 때 보복과 응징이란 기치 아래 대중을 선동하여 왔습니다. 당시 이스라엘 사회에서도 보복을 다짐하는 맹세에의 동참은 하나님의 백성 됨을 확 증하는 결정적 단서로 여겨졌습니다. 만약 국가적 맹세에 불참한다면 그는 하나님의 백성이 아니고 배신자로 국가의 적이 되었습니다. 이러 한 종교정치 지도자들의 논리에 희생된 이들이 실상은 열심당원들이 었습니다.

사도행전 23장 12절 이하에서 '철저한 응징'을 맹세하는 자들의 살 기를 느끼게 됩니다. 탈리오법에 의거 처단하고자 하는 저들에게서는 결연한 살의만 보일 뿐, 한 치의 주저함도 엿볼 수 없습니다. 그리고 그렇게 자신의 생명을 담보로 맹세하는 이들을 바라보며 회심의 미소를 짓는 종교 지도자들을 보게 됩니다.

이들 종교정치 지도자들에게는 백성의 안위 따위는 전혀 안중에도 없습니다. 자신의 야욕에 불타 지도자인 양 처세하며 혹세무민할 따름입니다. 정치인들의 선동 정치가 판을 치는 사회는 자유로운 토론이 없고 관용이 없는, 사소한 일에도 목숨을 걸어야 하는 경직된 사회가 됩니다. 매우 슬픈 일입니다.

예수님은 탈리오법이 하나님의 성품을 대변치 못함을 말씀하셨습니다. 물론 성경에는 탈리오법이 명시(출 21:23~25)되어 있지만, 그것은 지극히 예외적인 명령일 뿐 하나님의 의를 구하는 자라면 하나님의 성품을 행동원리로 삼아 삼가해야 할 일입니다. 38~42절은 바로 이것을 지시하고 있습니다.

5) 탈리오법(38~42절)

38절 또 눈은 눈으로, 이는 이로 갚으라 하였다는 것을 너희가 들었으나
39절 나는 너희에게 이르노니 악한 자를 대적하지 말라 누구든지 네 오른편 뺨을 치거든 왼편도 돌려 대며
40절 또 너를 고발하여 속옷을 가지고자 하는 자에게 겉옷까지도 가지게 하며
41절 또 누구든지 너로 억지로 오 리를 가게 하거든 그 사람과 십 리를 동행하고
42절 네게 구하는 자에게 주며 네게 꾸고자 하는 자에게 거절하지 말라

본 단락은 구하는 자가 악한 자일지라도 주며 거절치 말라는 말씀으로 요약됩니다. 이는 하나님의 성품에 근거한 행동방식을 지시하는 말씀입니다. 의인은 하나님의 성품이 행동 원리가 되어야 하며, 하나님의 성품에 기초한 행동 원리는 '온유함'에 있습니다.

39~41절의 말씀은 원수지간에 있어서 서로의 필요를 채우는 방식을 지시하여 줍니다.

39절 누구든지 네 오른 편 뺨을 치거든…
40절 너를 고발하여…
41절 억지로 오리를 가게 하거든…

원수 간에는 이러한 강압적, 폭력적 방식으로 자신의 필요를 채우는 것이 세상 이치입니다. 그러므로 원수라 규정된 사이에 폭력의 고리는 강화될지언정 약화되거나 끊어지기는 좀처럼 힘든 것입니다.

하지만 주님은 폭력의 악순환을 끊는 그 길이 쉽지 않다 할지라도 하나님의 '백성다움'은 그 길을 통하여 담보될 수 있는 것이고, 그래서 그 길을 명하는 것입니다.

39절 …왼편도 돌려대며
40절 …겉옷까지도 가지게 하며
41절 …십리를 동행하며

선하신 하나님 앞에서 적극적인 선의 실천자가 되는 일은 합당한 일입니다. 위의 말씀에서 우리는 메시야가 골고다 언덕 위 십자가에 못 박히시기까지 얼마나 온유하셨는지를 생각할 수 있겠습니다. 예수님이 걸으셨던 그 길을 제자들이 뒤따랐으며, 모든 교회의 성도들 또한 뒤따라야 합니다. 이것이 믿음의 사람들에게서 보여져야 할 하늘의 '의'입니다.

사도 바울은 말합니다.

나와 같이 모든 일에 모든 사람을 기쁘게 하여 나의 유익을 구치 아니하고 많은 사람의 유익을 구하여 저희로 구원을 얻게 하라(고전 10:33).

차별 없는 돌봄과 배려로 그분의 온유함을 나타내는 이마다 적극적으로 그분의 의를 실천하는 사람들이요, 그분을 닮아가는 그의 자녀들이 됩니다.

6) 원수 대적(43~48절)

43절 또 네 이웃을 사랑하고 네 원수를 미워하라 하였다는 것을 너희가 들었으나

44절 나는 너희에게 이르노니 너희 원수를 사랑하며 너희를 박해하는 자를 위하여 기도하라

45절 이같이 한즉 하늘에 계신 너희 아버지의 아들이 되리니 이는 하나님이 그 해를 악인과 선인에게 비추시며 비를 의로운 자와 불의한 자에게 내려주심이라

46절 너희가 너희를 사랑하는 자를 사랑하면 무슨 상이 있으리요 세리

도 이같이 아니하느냐

47절 또 너희가 너희 형제에게만 문안하면 남보다 더하는 것이 무엇이
냐 이방인들도 이같이 아니하느냐

48절 그러므로 하늘에 계신 너희 아버지의 온전하심과 같이 너희도 온
전하라

맹세가 강요되는 사회는 경직된 사회라고 앞서 말했습니다.

43절 또 네 이웃을 사랑하고 네 원수를 미워하라 하였다는 것을 너희가
들었으나

본 말씀은 경직된 사회 분위기를 반영합니다. "네 원수를 미워하라"
는 말씀은 성경 어디에도 없기 때문입니다. 하지만 경직된 사회에서는
많은 이들이 '이웃을 사랑하는'(?) 차원에서 원수에 대한 '보복'을 맹세
하며 폭력과 살인의 현장으로 나섰던 것입니다. 하지만 예수님은 그러
한 일들이 하나님 나라에 합당치 않으며 하나님의 성품을 반영할 수
도 없음을 말씀하십니다.

ⓐ 43~44절

이방인들과 구별된 거룩한 하나님의 백성다움은 보복과 응징의 고
리를 끊는 일에 있음을 말씀합니다. 악인이라 할지라도 그에게 관용
과 자비를 베푸는 일은 거룩한 하나님의 백성다운 표지임을 말씀하십
니다.

ⓑ 45절

유대인들은 하나님을 부족신인양 시대착오적인 신관에 머물렀던 것입니다. 살아계신 하나님의 백성들로서의 자부심은 대단하였지만, 하나님을 부족신쯤으로 유폐시키는 신성모독의 죄를 깨달았어야 합니다.

그래서 예수님은 하나님을 다시금 온 우주의 주인으로 높이셔야 했습니다. 우주의 주인이신 크신 하나님은 옹색하거나 옹졸하셔서 차별하시는 편벽고루한 분이 아님을, 광대하신 주님임을 증거하셔야 했습니다. 그리고 48절에서 이러한 하나님에 대하여 '완전하다'(온전하다)고 한 것입니다.

"너희 아버지의 온전하심과 같이 너희도 온전하라"는 말씀은 그 의미에 있어서 판단하여 차별치 말고 자비를 베풀라는 말씀으로 이해됩니다. 그러므로 "너희 아버지의 온유하심처럼 너희도 온유하라"는 말씀으로 치환한다 하여 문제될 것은 없습니다. 이것은 더 나은 의의 핵심이요, 하나님의 백성다움의 표지가 됩니다.

ⓒ 47절

"…남보다 더하는 것이 무엇이냐…"는 본 말씀은 20절 '더 나은 의'와 동일 개념으로 사용됩니다. 예수님은 비교 대상을 세리(46절 下)와 이방인(47절 下)으로 삼았습니다. 사실 이들은 하나님의 뜻을 저버리고 사는 '죄인' 모두를 대표합니다. 하지만 서론부에서는 그 비교 대상으로 '서기관과 바리새인'이 등장하였습니다. 이것은 무슨 의미입니까? 예수님의 견해로는 세상 죄인이나 이스라엘의 지도자들인 바리새인과 서기관들이 다르지 않았다는 뜻입니다. 양자 공히 하나님의 의에서 벗어나 있기는 매한가지였습니다.

정리합니다. 여섯 반제로 알려진 본 단락은 철저히 문맥을 따라 이해되어야 합니다. 하나님 형상에로의 차별 없는 인정과 하나님의 백성됨의 표지로서 차별 없는 돌봄을 통하여 하나님의 온유하심에 동참함이 이스라엘과 교회의 과업이었습니다. 그리고 그 과업을 이루는 일의 관건을 예수님은 팔복을 통하여 우리에게 제시하셨던 것입니다. '심령(마음)의 가난함', 즉 하나님과 인생 앞에 용서받아야 될 겸비한 인생임을 깨닫는 일입니다.

죄에 대한 각성 없이 성경 속으로 뛰어들면 도리어 정죄와 무시와 경멸의 덫에 빠져들 뿐입니다. 그러므로 먼저 가르치는 자의 위치에 있는 이들은 이러한 함정을 조심하여 늘 자신을 각성시켜야 합니다.

이제 6장은 의로운 종교적 책무로 알려진 '구제-기도-금식'을 통하여 이스라엘 사회를 진단합니다. 6장을 통하여 하나님의 성품에 동참하는 사람들에게 있어서 '청결한 마음'이 얼마나 중요한지를 잘 깨닫게 됩니다.

2-3 하나님의 성품과 의

한 사람의 성품은 분절하여 말할 수 없습니다. 설사 부분 부분을 말한다 해도 늘 전체를 염두에 두고 조심스럽게 말할 수 있을 뿐입니다. 전체적인 것을 상정하지 않고 부분 부분에 대해서 말할 수 있다면 그 것은 다중인격자라고 해서 병리적 현상으로 다룰 때뿐입니다.

그런데 우리는 하나님에 대하여 병리적으로 접근해 가고 있는 것은 아닙니까? 근대 과학주의 이성은 사물을 부분 부분으로 해체하여 이해했습니다. 그 영향으로 조직신학의 신론은 하나님의 성품을 부분 부분으로 쪼개어 설명하는 방식을 취하여 왔습니다. 그것이 하나님을 다중인격자로 만드는 모독(?)적 행위인지조차 인지하지 못한 채 하나님을 향한 열심(?) 있는 자가 반드시 행할 업무로 자처하기까지 했던 것입니다.

파편화된 이성적 작업에 의해 해체된 하나님은 결코 합치될 수 없는 '의'와 '사랑'이 두 정점을 이루고 있는 다중인격자가 되셨습니다. 그러고는 십자가의 신비에 대하여 말하기를 즐겨하는 것입니다. 하나님은 우리를 사랑하시나 심판하셔야 했다고. '사랑'하자니 법이 울고, '법'대로 처분하자니 사랑이 울고, 그래서 이 양자를 만족시키기 위하여 예수님은 십자가를 지셔야 했습니다!

이러한 논리는 '사랑'과 '의'를 대립시키듯, 하나님의 성품을 이원화시킵니다. 하나님의 성품이 대립되기 때문입니다. 십자가는 사건이요,

사건이 곧 그분의 성품은 아니어서 하나님은 여전히 다중인격인체로 존재하게 됩니다.

하지만 성경은 한 분 하나님을 말씀하듯, 그 성품에 있어서도 분리되지 않고 대립되지 않는 자비한 단일 성품을 말씀합니다. 그렇기에 산상 설교에서 우리는 '의'와 '자비'의 대립이 아닌 조화와 통합을 보게 되는 것입니다. 산상 설교는 그 조화와 통합된 모습을 '온유'라고 알려줍니다.

하나님은 온유하신 분이시다. 그리스도는 온유한 분이셨습니다. 이 통전적인 총체적 그림을 가지고 의와 사랑의 개념을 다뤄야 합니다.

'사랑'과 '의'의 대립적 관념은 인류사에 엄청난 해악을 가져온다. 비근한 예로, 죄인이라고 선고되면 그 순간부터 모든 '자비'가 철폐됩니다. 모든 권리가 박탈됩니다. 정의로운 법의 집행은 그래서 냉정하다고 하지만 어쩔 수 없다고 합니다. 그것은 '정의'이기 때문에 범죄자에게 자비를 베푸는 일은 정의를 훼손시키는 일인 양 금기시합니다. 그리고 죄는 양산됩니다!

다람쥐 쳇바퀴 돌 듯 지속되어 온 이러한 일들은 죄와 죄인을 구분하지 않는 데서 증폭되었고, 수없이 많은 주검들과 비분강개할 일들이 이러한 해악으로 말미암아 역사를 도배질하여 왔습니다.

하지만 성경은 달리 말합니다. 죄는 미워하되 사람은 미워할 수 없다고 합니다. 모든 생명은 하나님의 형상대로 창조되었기 때문에 그 생명은 존중 받고 사랑 받아야 함이 마땅하다고 말합니다. 그렇기에 사랑하셨던 것이고 적극적인 사랑의 행위가 뒤따랐던 것이라 합니다.

이것은 의입니다![33] 할 수 있는 분으로서 최선을 다하여 했다는 것은 의가 됩니다. 그러므로 아담의 범죄 이후에 즉각적인 하나님의 비상 개입이 언급(창 3:15)된 것은 그분의 성품에 부합되는 것이요, 그분의 '의로우심'을 확증하는 것입니다. 그래서 우리는 온유하신 하나님에 대해 의심치 않게 됩니다.

많은 경우에 있어서 하나님의 의는 법적 용어로 이해되는 것 같습니다. 아마도 신학적 명제인 '칭의'의 영향인 듯합니다. 칭의는 하늘 법정에서 승귀하신 그리스도의의 속죄 사역에 기초하여 죄인들을 향하여 의롭다고 선포하는 것으로, 되돌릴 수 없는 구원의 영원한 법적 효력을 확정 짓습니다.

그러나 이 같은 법적 용어로만 이해하면 마치 감정적 기능을 상실한 사람과 같이 되어 버리게 됩니다. 여러분은 웃음이 없고 따뜻함이 없이 늘 분석적이며 논리적이고 냉엄한 사람에 대해 들어본 적이 있습니까?

우리는 간음 중에 잡힌 여인에 대한 예수님의 판결을 익히 잘 알고 있습니다. 이 여인을 율법에 의거하여 돌로 치는 것이 의로운 것입니까? 아니면 용서하고 기회를 주는 것이 의로운 처사입니까? 우리는 늘 돌로 치고자 합니다. 그러면서 하늘의 법을 들이댑니다. 그렇습니다. 우리가 하나님 앞에 가면 그렇게 선인과 악인이 구별되며 각각 행

---

33 히브리어 체다카(정의)는 자비와 사랑을 실천하라는 의미를 가진다. 또한 히브리 법 사상에 있어서 공의와 사랑, 법과 자비는 쌍둥이 자매라고도 불리어진다(시 89:14, 미 6:8). 그러니 자비와 사랑이 없는 정의란 성립될 수 없다. 오직 불의한 세상에서나 통용될 뿐이다.

한 대로 보응을 받게 될 것입니다.

하지만 우리는 현재 이 땅에 거하고 있습니다. 이 땅에 오신 그리스도 또한 땅의 현실을 모르는 바가 아닙니다. 죄 없다 할 사람이 없는 이곳에서는 용서함이 의로운 행실이 됩니다. 율법에 의거 불의하다 정죄함은 형식은 의로웠지만 악한 것으로 귀결됩니다.

물론 이 땅에도 재판정은 있어야 합니다. 그러나 그 기능은 제한적이어야 합니다. 관리들은 자신들에게 주어진 권리를 오해하지 않아야 합니다. 마음대로 심판하고 처벌하며 제한하고 제거해서는 안 됩니다. 북한의 사법제도가 그러합니다. 정치범 수용소의 무시무시한 공포에 대해 간혹 듣게 되지만, 그것은 전혀 의로운 것이 아닙니다.

감옥에 대하여 우리는 교도소(矯導所)라는 명칭을 씁니다. 또 교정(矯正)기관이라고도 부릅니다. 즉, 처벌 기능보다는 바로 잡아주어 바른 품성에 이르도록 하는 교육적 기능이 우선시 되어야 옳은 것입니다. 우리는 하나님의 의로우심에 대하여 법적 개념으로 이해하기보다는 그분의 성품에 관한 것으로 이해하여 그분의 따뜻한 마음이 언제든지 흘러가도록 해야겠습니다.

그럼 실제적으로 범죄자를 어떻게 처리해야 할까요? 현실적인 문제 앞에서 난감해질 것입니다. 우리는 그에 합당한 책임을 물을 때에도 (징계는 사랑 없음이 아닙니다!) 자비와 교육의 손길을 거두어서는 안 됩니다. 인생의 더 좋은 기회와 더 좋은 결과에 이르도록 도와야 합니다. 더욱이 그가 부양해야 할 가족 또한 어려운 때를 극복할 수 있도록 여러 모양으로 지원해야 합니다.

바로 이러한 모습이 '자비'에 바탕한 의로운 행실이 아닐까요? 자비를 실천하기 위한, 하나님의 온유한 성품을 드러내기 위한 용도로서 계명을 삶에 적용함이 아름다울 뿐입니다! 이러한 점을 외면하고 분석하고 쪼개어서 의와 자비 사이에서 주저주저하다가 결국은 십자가의 신비 외에 아무런 교훈도 받지 못하는 안타까운 일들은 이제 지양되었으면 하는 바람입니다.

기억하십시오. 율법과 계명은 하나님의 '의'가 무엇인지를 대변하며, 그것은 하나님의 자비한 성품에 기초한 '의'임을!

남을 사랑하는 자는 율법을 다 이루었느니라(롬 13:8).

교회의 사춘기 청소년 둘이 넘어서는 안 될 선을 넘었습니다. 소녀가 임신을 하는 바람에 두 아이는 교회에서 쫓겨날 상황에 처했습니다. 장로들은 이 문제를 논의하기 위해 긴급모임을 소집했습니다.

"온 교인 앞에서 그 녀석들을 불러내 죄상을 낱낱이 고하시오!"

교회의 지도자 대부분이 그렇게 말했습니다. 하지만 수석장로였던 나의 아버지는 그런 가혹한 처분에 반대했습니다.

"굳이 그럴 필요까지 있습니까?"

다른 장로들은 교회의 윤리를 만인에게 알려야 한다고 맞섰습니다. 또 다른 장로가 이 두 녀석은 그것이 얼마나 큰 잘못인지 알아야 한다며 처벌을 고집하자 아버지는 이렇게 대답했습니다.

"그 아이들이 자신의 잘못을 모를까요? 그 일이 얼마나 어리석은 행동인지 과연 모를까요?"

공방은 계속됐고 다른 장로들은 모두 끝까지 두 아이의 공개 비난을 주장했습니다. 그러자 아버지는 말했습니다.

"예, 예, 그렇게 하죠."

아버지의 뜻밖의 말에 놀란 장로들이 물었습니다.

"정말입니까?"

"물론이죠! 녀석들을 온 성도 앞에 끌어내 호되게 꾸짖읍시다. 그리고 그 후에는 다른 사람도 한 명씩 앞으로 불러내 각자의 죄를 낱낱이 들추어냅시다. 제가 여러분과 여러분의 가족들을 많이 상담했으니까 할 말이 꽤 많거든요. 하나도 빼놓지 않고 밝히리다."

이 말에 아이들을 공개적으로 혼내자는 주장은 쏙 들어갔고 오히려 위기에 빠진 아이들을 도울 수 있는 방안에 대한 논의가 시작되었습니다. 단지 성적 문제였던 것이 공동체의 형평성과 자선이라는 공적 문제로 발전했던 것입니다.[34]

---

34 짐 월리스, 『하나님의 정치』, 청림출판, p.70~71

3장 탐심

칼럼 6_ 참된 삶을 위하여

외식적 신앙의 본질은 재물을 지향한다는 것이며, 재물에 집착한 신앙생활이란 우상숭배와 다름없습니다(참조 6:7, 32).

바울은 디모데전서에서 "마음이 부패하여지고 진리를 잃어버려 경건을 이익의 방도로 생각하는 자들의 다툼이 일어나느니라"(6:5)고 했고, 골로새서 3장 5절에서는 "탐심은 우상숭배니라"며 단정적으로 탐심의 해악을 언급합니다.

그러므로 모든 기독교인은 이 점에 있어서 선명해야 하며, 실생활을 통하여 자신이 믿는 것이 '하나님인지, 아니면 재물인지'를 점검 받아야 합니다.

사람들은 왜 하나님 신앙을 말하면서 외식적 행태(탐욕)를 보일까요? 왜 삶의 지평에서 하나님보다 재물을 더 가치 있게 여기는 것일까요? 이에 대하여 예수님은 '생활의 염려' 때문이라고 답합니다.

삶에 대한 지속적인 관심! 우리 인생이 먹고 사는 일로 구성될 수밖에 없는 것은 생존본능 안에 갇혀있기 때문입니다(참조 히 2:15). 그래서 이러한 인생을 가리켜 '허무하다'고 하는 것일 것입니다. 하지만 생명이 결핍된 상황에서는 어쩔 수가 없습니다. 그렇기에 하나님의 생명으로 충만해지는 우주적 회복의 때에는 "모든 일을 그치고 쉰다"(계 14:13)고 하지 않습니까!

여기서의 '쉰다'는 의미는 아무것도 하지 않는 상태를 말하는 것이 아니라 먹고 살기 위해 하는, 지긋지긋하고 허무한 작업으로부터의 쉼을 말합니다. 그때는 정말 각자가 하고 싶은 일들을, 가치 있고 창조적인 일들을 취미와 즐거움으로 하게 될 것입니다.

하지만 그때까지 생존본능에 갇힌 우리의 사고는 무수한 삶의 염려를 만들어냅니다. 조금도 지치지 않고 쉬지도 않은 채 우리를 치열한 삶의 현장으로 강박적으로 몰아갈 것입니다. 그러므로 염려의 문제는 그리 호락호락한 문제가 아닙니다. 어쩌면 이것은 신의 영역에 속한 문제인지도 모를 일입니다. 생존본능에 갇힌 상태에서는 스스로를 구원할 수 없기 때문입니다. 따라서 하나님만이 하실 수 있는 일이 될 것입니다.

하나님을 "아버지"라고 부르는 자는 행복합니다. 우리의 생명 활동을 아버지 되시는 하나님께 인도받는다면 우리는 정글에서도 천국의 삶을 살게 될 것입니다. 먹고 살기 위해 해야만 하는 일을 그치고 저마다 진정으로 원하는 가치 있는 일들을 하며 살게 될 것입니다. 생각만 해도 가슴 벅차는 일입니다! 그러므로 우리의 믿음은 대단히 중요합니다. 하나님을 아버지로 '믿는' 우리만이 진정한 의미에서의 삶을 살 수 있기 때문입니다.

많은 이들이 구원의 선물을 세상의 것으로 대체하는 것 같습니다. 많은 이들이 진정한 삶을 '허무한' 삶으로 환원하고 있습니다. 이것은 생각 없음이고 구하지 않았음을 의미합니다!

생존본능 차원에서의 일을 그치고 무엇을 할 것입니까?
우리는 무엇을 원하고, 무엇을 할 수 있는 사람입니까?
무엇에 열정이 가며, 무엇에서 큰 기쁨을 얻습니까?
하나님께서 심어놓은 재능과 은사는 무엇입니까?

'하나님의 기쁨'이라는 고차원적 만족을 가지고 살아갈 수 있는 일은 무엇입니까?

지금 하고 있는 일들은 어떤 의미를 가지고 있습니까?

현재 하고 있는 일에서 기쁨의 이유를, 새로운 가치를 발견할 수 있습니까?

현재의 일은 천국과 이어져 있습니까?

쉼과 어떤 연관이 있습니까?

현재의 일을 통하여 가치 있는 일로 나아갈 수 있습니까?

그것은 하나님 나라와 그의 의를 구하는 삶이라고 확신이 됩니까?

염려를 그치고 진정한 삶을 구해야 합니다! 이것은 아버지 되신 하나님 앞에 믿음으로 반응하는 일이어서 자기 신앙의 진정성을 확인하는 좋은 기회가 될 것입니다.

3-1 의로 포장된 행실들

여기서 살펴볼 말씀은 6장 1~18절까지입니다. 앞 단락을 통하여 서기관들의 가르침을 분석하셨다면, 주님은 본 단락을 통해서는 서기관들과 바리새인들의 신앙 행위들에 초점을 맞추셨습니다. 왜냐하면 '더 나은 의'란 가르침만으로 구성되는 것이 아니라 최종적으로는 행실을 목표로 하기 때문입니다. 주님은 저들이 구축한 종교에 있어서 세 기둥으로 알려진 의로운 행실에 전가의 보도를 들이댑니다. 물론 전가의 보도란 팔복의 후반부, 특히 '마음의 청결함'을 가리킵니다.

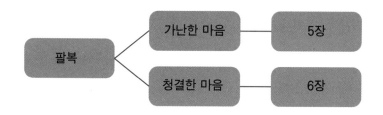

외식의 길

이스라엘 사회는 참 하나님의 사람인지를 가려줄 시금석으로 잘못된 것을 내세웠습니다. '구제-기도-금식'은 의로운 행실로 여겨졌고, 의로운 사람들은 그 세 가지를 힘써 행했습니다. 그러나 예수님이 보시기에 그것 자체로는 참된 분별이 불가능했습니다. '구제-기도-금식'에 힘쓰는 의로운 사람인 양, 마음을 속이는 일은 얼마든지 가능했기 때문입니다.

본 구조에 의하면, 기도에 대한 언급이 핵심을 차지하며 그것을 지시하기 위해 분량을 증가시킵니다.

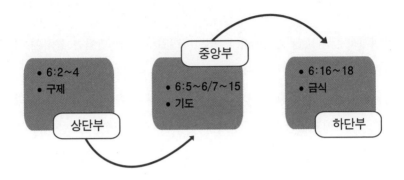

① 은밀하게 하라!

예수님은 구제-기도-금식에 있어서 거듭하여 은밀하게 할 것을 요구합니다. 여기 '은밀하게'라는 말은 그 동기에 있어서의 순수함을 말하는 것으로 팔복과 관련됩니다. '마음의 청결=사심 없는 마음=은밀함'.

요한복음 1장에 나다나엘이 등장합니다. 그는 예수님으로부터 큰 칭찬을 듣습니다.

보라 이는 참으로 이스라엘 사람이라 그 속에 간사한 것이 없도다(47절).

무엇이 그로 하여금 칭찬을 듣게 합니까? 그가 무화과나무 아래에서, 마치 골방과도 같은 장소에서 기도했기 때문일까요? 아닙니다. 예수님은 분명히 "그 마음에 간사한 것이 없다"고 하셨습니다. 예수님이 보신 것은 그가 어디에 있었는가 하는 것보다는 그의 마음에 무엇이 있었는가 하는 점이었습니다.

그 마음을 보니 순수하고 거짓 없는 사랑으로 하나님을 사랑했던 것입니다. 이것을 보시고 그에게 큰 칭찬을 하셨습니다. 그러므로 본문에 골방 또는 은밀하게라는 표현은 공간적 의미를 지나 그 마음의 상태를 두고 하신 말씀이 됩니다.

"오른손이 하는 것을 왼손이 모르게 하라!" 선한 일은 남모르게 행해져야 할 것으로 인식되고 있습니다. 혹시나 이름 석 자가 알려질까 봐 익명을 선호합니다. 하늘의 상급을 잃는다 하여 공개되는 것을 꺼립니다. 그러나 예수님은 익명성을 말씀하신 것이 아닙니다!

다음의 말씀은 어떻습니까?

이같이 너희 빛이 사람 앞에 비치게 하여 그들로 너희 착한 행실을 보고 하늘에 계신 너희 아버지께 영광을 돌리게 하라(5:16).

선한 행실은 몰래 숨어서 해야 하는 일이 아니고 사람들 앞에 드러날 정도로 많이, 그래서 그것이 장려되고 권장되어질 수 있도록 지속적으로 꾸준하게, 그러나 '진실하게' 행해져야 한다고 말씀하십니다. 그렇기에 사심 없이 선을 행하는 이들이 보는 것은 재물이나 상급에 있지 않습니다. 이들이 보는 것은 하나님입니다(5:8).

② 자기 상을 이미 받았느니라

2, 5, 16절에 등장하며 구제 – 기도 – 금식을 빌미로 땅에 '보물'을 쌓

는 일을 가리킵니다. 땅에서의 보물이란 '재물'(돈)이 될 것입니다. '보물'을 하늘에 쌓는 일은 하늘 아버지께 받을 상을 암시합니다. 하늘 보물을 무시하고 외식으로 행하여 금전적 이익을 얻는 것은 그 자체로 스스로 불신자임을 증거하는 일입니다. 더욱이 의로운 양 가장한 다는 점을 생각하면 저주받을 일입니다.

예수님은 외식으로 종교적 의를 실천하는 자들이 사실은 우상숭배자요, 이방인과 매한가지라는 입장을 가지셨습니다(7절). 따라서 그리스도인에게 있어서 외식만큼 무서운 일은 없습니다. 더욱이 종교적인 직무와 봉사에 헌신적인 이들일수록 항상 살피고 조심할 것은 외식으로, 곧 마음에 사심을 품는 일입니다. 사심을 품고는 절대 평화(샬롬)에 이를 수 없어서 교회가 분쟁하고 나뉘게 됩니다(참조 딤전 1:5, 2:8, 3:3, 6:5 벧전 1:14, 5:2).

4장 주기도문

많은 이들이 하나님의 참된 관심은 영의 양식에 있다고 생각합니다. 그래서 우리가 진정으로 구할 것은 영의 양식이라고 합니다. 그리고 교회는 항상 그 본질과 사명을 영의 양식에 두어야 하는 것처럼 말합니다.

요한복음 6장은 이러한 생각을 확증해주는 것 같습니다. 오병이어의 기적 후, 무리들은 예수님을 임금으로 삼고자 하였고 예수님은 산으로 피하게 됩니다. 하지만 무리들과 다시 조우하게 되면서 예수님의 신비로운(?) 말씀이 이어집니다.

> **떡을 먹고 배부른 까닭으로 나를 찾는다 썩을 양식을 위하여 일하지 말고 영생하도록 있는 양식을 위하여 하라(요 6:26~27).**

육의 양식을 구해서는 안 되는 것으로 설명됩니다. 예수님은 심지어 육의 떡(양식)을 구하는 자들을 피하지 않았습니까! 하지만 6장을 그런 영육 이원론적인 구도에서만 볼 일이 아닙니다. 예수님은 오병이어의 기적이 표적으로써 베풀어진 것임을 말씀하십니다(6:26). 즉 예수님은 자신이 누구인지를 알리기 위한 방도로 현 상황을 이용하고자 했을 뿐이었습니다. 그리고 그 표적을 통한 가르침의 핵심은 예수님 자신이 하늘로부터 온 참 떡이니 자신을 믿고 따르라는데 있었습니다. 예수님과 예수님의 가르침을 외면하고는 영생에 이를 수 없기 때문이었습니다(35, 38, 40).

그러므로 자신의 가르침과 의도를 간과한 채 양식만을 구하는 자들을 떠나셨던 것이지, 먹거리의 제공이 본질에 속한 것이 아니어서 떠나신 것이 아닙니다. 왜냐하면 예수님의 가르침과 행함 속에는 '일용할' 양식의 나눔이 핵심을 차지하기 때문입니다. 예수님은 자신을 보낸 하늘 아버지의 뜻을 이렇게 소개합니다.

…내게 주신 자 중에 내가 하나도 잃어버리지 아니하고…(요 6:39).

단 하나도 잃어버리지 아니함이 사명임을 밝히셨습니다. 이 사명 때문에 빈들에서 굶주려가며 말씀을 듣는 이들에게 식량을 공급하셨습니다. 물론 그 표적으로 자신이 누구인가를 대변하셨던 것이지만, 동시에 하늘마음 또한 대변하셨던 것이라 이해하면 좋겠습니다. "너희는 소중한 나의 백성이요, 나의 식구란다!" 예수님은 다시 한 번 이 하늘마음을 대변하셨는데, '칠병이어'의 기적으로 알려진 일이었습니다(마 15장).

예수님은 우리 한 사람, 한 사람에게 영생을 약속하셨습니다. 동시에 이 땅에서의 삶 또한 중요합니다. 영생은 바로 지금부터의 일이기 때문입니다. 그렇기에 예수님의 가족 중 누구 하나라도 굶주리거나 잃어지는 것은 결코 그분의 뜻이 아닙니다. 예수님은 가르침의 많은 부분에서 양식의 나눔에 대해 말씀하셨습니다. 충성되고 슬기로운 '종'(청지기)의 부르심 또한 '때를 따라 양식을 나눠줄 자'(마 24:45)로의 부르심인 것을 확실히 하셨습니다.

성령 강림과 함께 출발하고 있는 초대 교회의 모습을 생각합니다.

초대 교회는 어떻게 해서 예배 공동체뿐 아니라 나눔 공동체의 모습으로 태동하게 되었습니까? 초대 교회가 처한 상황적 필요 때문이었을까요? 많은 현대 교회들이 이렇게 생각하여 이 문제를 간과합니다.

이것은 성령의 임재로 말미암은 하늘마음이 부어진 결과였습니다. 그러나 그것이 전부는 아니었습니다. 이것은 예수님이 공생애를 통하여 가르친 가르침의 열매였습니다(행 2:42). 이 사실은 중요한데, 초대 교회가 예수님의 가르침을 어떻게 이해하고 해석했는지를 보여주기 때문입니다.

오늘날 성경공부의 과정은 매우 많습니다. 제자훈련에 1년여의 시간을 헌신합니다. 다채로운 성경공부 과정에 많은 이들이 참여합니다. 하지만 나눔의 공동체는 요원합니다. 공동체 의식의 결여와 나눔의 부재는 하늘가정 식구 됨의 실천적 부인이란 측면에서 문제의 심각성을 그대로 보여주는 것입니다.

예수님의 말씀을 진리라고 하면서도 그 말씀에 대하여 오해하고 있는 교회! 사도행전 2장 42절에 "그들이 사도의 가르침을 받아"라고 분명히 기록되어 있는데 반해 오늘날 교회의 가르침을 받은 성도들 가운데는 현실적 필요를 따른 나눔에 있어 무신경 할 뿐입니다. 프란시스 쉐퍼는 영육이원론을 현대 교회의 '공해'라고 했습니다. 정말로 그렇습니다. 한국 교회를 오염시키는 주범이어서 주의 말씀을 바르게 읽지 못하도록 하니 말입니다!

간증 프로그램에 나온 어느 목사님께 사회자가 질문합니다.

"아프리카에서 고아원을 돌보신다고요?"

목사님은 조심스럽게 말문을 엽니다.

"아, 네! 세계를 순회하며 집회를 가지다 보니 도움의 요청들이 많이 들어옵니다. 그곳 고아원에서도 운영을 부탁하기에 복음을 증거할 방편으로 감당하고 있습니다. 아이들이 잘 자랐다 한들 예수를 안 믿으면 무슨 소용이 있겠습니까?"

그리고 화면 하단에 자막이 뜬다.

'예수 복음 증거를 위한 고아원 사역!'

이런 생각들은 너무나 대중적이어서 특별히 그 출처를 안 밝혀도 될 듯싶습니다.

복음 증거를 위한 고아원 사역? 그것이 열정적인, 그리고 한결 같은 사역이 될 수 있을지 매우 의심스럽습니다. 예수 믿는 자로서 고아원 사역에 일생을 바치는 것은 안 되는 것일까요? 예수 믿는 자로서 학교를 모범적으로 운영하는 것은 안 되는 것일까요? 꼭 복음 증거를 목적으로 해야만 올바른 것입니까? 이런 일로 기독교 사학들이 비난을 받지만, 오히려 운영을 통해 빛을 발해야 하지 않을까요? 학생들을 강제로 예배의 자리에 집어넣는다고 해서 그것이 복음 증거가 될까요? 의문스럽습니다.

4-1 악에서의 구원

주기도문은 먼저 천국의 주인이신 우리 아버지께 악으로부터의 구원을 간청합니다. 송영이라 불리는 부분과 그 이후를 뺀[35] 매우 단순한 형태를 놓고 볼 때, 아래 그림과 같이 간결함을 알게 됩니다.

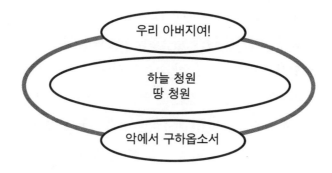

악에서의 구원이라고 할 때 그 악은 이 땅에 임하는 아버지의 나라에 대항하는 모든 삶의 양식, 또는 그 나라의 주권자이신 하나님께 대항하는 모든 악한 세력을 가리킵니다. 그래서 우리의 간청은 세속적 삶과 세상의 삶을 구축하고 있는 세상 권세들과 주관자들로부터의 구원이 되어야 합니다(참조 약 1:27).

그럼 악한 자가 구축해 놓은 악한 삶의 양식이란 무엇입니까? 이에

---

35 송영으로 알려진 부분은 '나라와 권세와 영광이 아버지께 영원히 있사옵나이다. 아멘!'이다. 이어지는 14~15절은 덧붙여진 것으로 핵심 내용의 강조를 위함이다.

대하여는 산상 설교를 지나 마태복음 전반을 통하여 확인해 보겠습니다. 특히 주님의 '죽으심과 부활' 고지(告知)와 관련된 문맥에 잘 나타나 있습니다.

1) 16:21 첫 번째 고지 – 16:22~23 사탄을 향한 책망
2) 17:22~23 두 번째 고지 – 17:23 제자단의 근심
3) 20:18~19 세 번째 고지 – 20:20~28 제자들의 사심

이 세 장면이 어떻게 발전되는지를 살펴야 합니다. 첫 번째 장면에서 주님은 베드로를 향하여 "사탄아 내 뒤로 물러가라 너는 나를 넘어지게 하는 자로다"라고 말씀하시며 제자들의 배후에 도사리고 있는 악한 자, 즉 사탄을 책망합니다. 두 번째 장면에서는 "제자들이 매우 근심하더라"는 안타까운 보고를 듣습니다. 세 번째 장면에서는 '천국 장관직' 청탁 사건이 기술됩니다.

이는 매우 안타까운 일입니다. '사탄-염려-사심'으로, 제자들이 바리새주의로 경도되어짐을 보여줍니다. 예수의 하나님 나라 운동은 그 의미를 상실할 위기에 직면하게 됩니다. 바리새인들은 '악한 자'의 유혹을 그 마음으로부터 이겨낼 수 없었고, 생활의 염려에 깊이 함몰되어 갔습니다. 마침내는 그 욕심을 채우기 위해 종교의 선봉에 섰을 뿐입니다.

주님은 바리새인들의 이러한 신앙의 일탈을 '외식'이라고 규정하였던 것이며, 바리새주의가 이방인들의 우상숭배와 다름 없음을 폭로하셨습니다. 그런데 이제 제자들이 그와 똑같은 처지로 내몰리게 된 것

입니다.

그러므로 악한 자의 유혹으로 말미암는 그 삶의 양식이란 이생의 자랑과 이생의 염려에 갇혀 사는 것을 말합니다. 먹고 사는 일생에 매여 마귀의 종노릇하는 삶을 가리킵니다.

> …죽음을 통하여 죽음의 세력을 잡은 자 곧 마귀를 멸하시며 또 죽기를 무서워하므로 한평생 매여 종노릇 하는 모든 자들을 놓아 주려 하심이니(히 2:14, 15).

누가 악에서 해방될 수 있겠습니까? 누가 먹고 사는 일생의 문제로부터 자유할 수 있겠습니까? 예수님은 악으로 일그러진 땅에 집중하기보다는 대안으로 임하는 하늘의 실재를 먼저 바라보도록 만들었습니다. 해방과 구원은 이 땅의 일이 아니고 전적으로 하늘의 일이기 때문입니다.

"우리 아버지여 구하옵소서!"

그의 나라와 의

8절(9절 上)과 33절은 평행절이 됩니다.

8절 그러므로 그들을 본받지 말라 구하기 전에 너희에게 있어야 할 것을 하나님 너희 아버지께서 아시느니라 그러므로 너희는 이렇게 기도하라

33절 그런즉 너희는 먼저 그의 나라와 그의 의를 구하라 그리하면 이 모

든 것을 너희에게 더하시리라

두 평행절은 서로를 보완하며 진리를 명확히 합니다. 먼저 구해야 될 '하나님의 나라와 그의 의'는 그 순서에 따라 주기도문에 배치되어 시각적 명료성을 더하여 줍니다. 마치 쌍란과 같아서 달걀 속에 자리한 두 개의 노른자를 연상시킵니다. 따라서 주기도문의 핵심[36]을 하나님의 나라와 하나님의 의, 이 두 가지로 말할 수 있습니다.

주기도문 = 하나님의 나라 청원 + 하나님의 의 청원

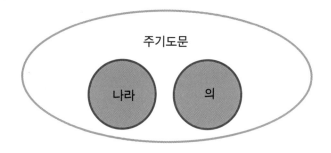

① 하나님 나라 청원(또는 하늘 청원)

하나님 나라 청원의 세 가지가 지시하는 것은 무엇입니까?

9절 아버지의 이름이 거룩히 여김을 받으시오며

10절 나라가 임하시오며

10절 뜻이 땅에서도 이루어지이다

---

36 '33절을 주기도문의 요약으로 볼 수 있다는 것입니다. 이 33절의 핵심은 무엇입니까? 하나님의 나라와 그분의 의입니다.'(김세윤, 『주기도문 강해』, 두란노, p.54)

그 나라가 확고하게 이 땅에 들어서기를 구하는 기도입니다. 9절의 의미는 그가 아버지라고 부르는 이들을 구별되게 — 누구라도 감히 흉내낼 수 없는 방식으로 뛰어나게 돌보시기에 — 모든 이들로부터 두려움을 자아내는 일이 됩니다.

땅의 모든 백성이 여호와의 이름이 너를 위하여 불리는 것을 보고 너를 두려워하리라(신 28:10).

10절 상반절의 간구는 공간적, 물리적 장소에 실재하는 나라로 이해될 수 없습니다. "하나님의 나라는 여기 있다 저기 있다고도 못하나니 너희 안에 있느니라". 나라의 개념은 통치와 다스림입니다. 그러므로 이 땅에서의 적극적 다스림과 통치를 구하는 기도입니다.

10절 하반절의 간구는 하나님의 다스림이 전 지구적으로 확장되기를 기원하는 기도입니다. '땅'은 어느 특정한 곳을 지시하기보다는 하나님 창조의 회복이란 측면에서 전 지구적 차원으로 이해됩니다.

정리하면, 두려움을 자아낼 정도로 그 자녀를 향한 하나님의 놀라운 다스림과 돌봄이 전 지구적으로 확장되기를 원하는 기도가 됩니다. 이것은 하늘 청원의 세 가지 핵심이 '하나님의 통치와 다스림'에 있음을 알려줍니다.

② 하나님의 의 청원(또는 땅 청원)

평행절은 그의 나라만을 구하라고 하지 않습니다. 더불어서 '그의 의' 또한 구해야 될 것임을 지시합니다. 그러므로 땅 청원 세 가지는 하나님의 '의'와 관계됩니다.

11절 양식의 공급

12절 죄 사함

13절 돌봄과 보호[37]

하나님께 있어서 의란 아버지 됨에 있어서의 성실함을 말합니다. 아버지는 그 자녀의 먹거리를 책임져 주시고, 용서해 주시고 또 용서해 주시며, 든든한 울타리가 되어줍니다. 이를 가리켜 언약적 성실함이라고 합니다.

이것이 언약입니다. 그러므로 땅의 청원 세 가지는 아버지의 아버지 됨을 촉구하여 그 자녀를 위한 천부의 책임을 간구하는 것입니다. 이 또한 하나님의 통치를 지시합니다. 이렇게 하여 우리는 하늘 청원과 땅의 청원이 실상은 하나인 것을 알게 됩니다.

우리는 하나님 나라에 대한 중요한 정보를 얻게 되었습니다. 예수님은 하나님의 아버지 됨을 세 가지 차원, 즉 먹거리와 죄 사함 그리고 보호로 설명하셨습니다. 이 세 가지는 하나님의 나라를 구성하는

---

37 시험($\pi\epsilon\iota\rho\alpha\sigma\mu\rho\varsigma$)은 하나님이 주신 시련 그리고 욕심에 끌려 죄에 이르는 유혹으로 번역됨. 특별히 예수님은 언약 백성들 상호간 '실족시키는 일'(마 18:6, 롬 14:13, 공동체 구성원 됨을 거부하는 무시와 경멸)을 엄히 경계했는데, 이는 그것이 범죄에 빠뜨리는 사탄의 일(유혹)이기 때문이다. 바리새인들이 사탄의 자식인 것은 그들이 그 백성들을 하나님 앞에 범죄케 했기 때문이다. 그러므로 언약 기도의 측면에서, 본 간구의 의미는 법(하나님의 뜻)의 공평한 집행과 확립에 있다. 언약 백성에 대한 불편부당한, 그리고 공명정대한 다스림을 요청한다. 그래서 필자는 그 백성에 대한 '돌봄과 보호'로, 또는 그 백성의 '영접과 하나됨'으로 자유롭게 번역한다.

핵심인자이며 하나님의 나라를 대변하게 됩니다.

이는 교회의 교회됨을 위하여 매우 중요합니다. 교회는 하나님 나라의 확장을 위해 '전투하는' 교회로서 존재하기 때문입니다. 그러므로 하나님 나라 확장을 위한 교회 사역의 방향이 결정되었습니다.

하나님의 다스림='양식의 나눔, 죄 사함, 돌봄'

예수의 하나님 나라

이 땅에 임하는 하나님의 다스림은 세 가지 국면, 즉 먹거리, 죄 사함, 그리고 보호를 만족시킵니다. 이는 실로 중요한 바로미터가 됩니다. 그것이 하나님의 다스림인지, 아닌지를 구분하는 매우 중요한 시금석이기 때문입니다.

이스라엘 사회는 의의 기준을 '구제-기도-금식'에 두어 왔습니다. 구제-기도-금식 자체가 '의로운' 행실이었습니다. 하지만 예수님의 견해는 달랐습니다. 행실 이면에 가려진 동기가 중요했습니다. 마음에 탐욕을 품고도 얼마든지 의로운 체 할 수 있기 때문입니다. 숨겨진 탐욕은 하나님의 다스림과 정면충돌할 수 있어서 예수님으로서는 절대 소홀히 할 수 없는 문제였습니다. 그렇기에 예수님은 그것이 하나님의 다스림이어서 그 통치에 합당한 것이라면 세 가지 기준을 만족시켜야 함을 확실히 하셔야 했습니다.

먹거리의 제공-죄 사함-보호

이것이 예수의 하나님 나라였습니다. 예수의 하나님 나라는 이 땅에 도래하는 나라로서, 구체적인 것으로 실체화됩니다.

① 대칭적 구조

주기도문이 둘이 아닌 하나를 말하는데, 그 하나는 하나님의 나라요, 하나님의 나라 안에서 하늘 청원 세 가지와 땅의 청원 세 가지는 서로 다르지 않습니다. 이는 수사적 구조를 파악할 때 더욱 확실해집니다.

아버지의 이름이 거룩하여지기 위하여, 그 자녀를 굶겨서는 안 된다!
아버지의 나라가 임하여지기 위하여, 그 자녀들을 용서해 주셔야 한다!
아버지의 뜻이 이 땅에 이루어지기 위하여, 그 자녀를 하나로 지켜주셔야 한다!

이렇게 하여 주기도문 중 전반부의 세 가지 청원(하늘 청원)과 후반부의 세 가지 청원(땅 청원)이 서로 어울리고 있음을 확인하게 됩니다.

② 축약법

땅의 청원 세 가지 중 가운데 위치한 용서 청원(12절)은 유독 길게 서술됩니다. 하지만 이것이 원래의 형태입니다. 앞뒤의 두 청원은 축약된 것입니다. 주기도문의 시적 간결성이라고나 할까요? 세련되게 다듬어진 것일 뿐 주님의 의도는 100퍼센트 담겨 있습니다. 그래서 아래 도표와 같이 원래의 상태로 되돌려서 그 충분한 의미를 파악하게 됩니다.

하늘 아버지께 하루치 양식과 죄사함과 돌봄을 간청하는 이들은 누구일까요? 하나님 나라와 그 삶의 양식(樣式)이 무엇인지를 알고 그 삶에 동참하는 이들이라 합니다. 하나님도 양식을 주시고 언약 백성들도 줍니다. 하나님도 용서해 주시고 언약 백성들도 용서합니다. 하나님도 돌보아 주시고 언약 백성도 돌보아줍니다. 언약 규정에 언약 당사자 모두가 헌신하는 것, 이렇게 쌍방향 소통구조가 언약이고 주기도는 그래서 언약적 기도가 됩니다.

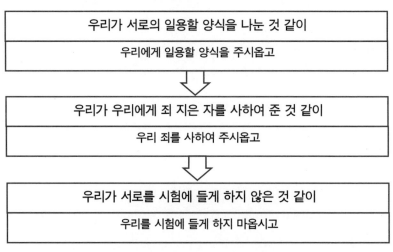

우리가 서로의 일용할 양식을 나눈 것 같이
우리에게 일용할 양식을 주시옵고

우리가 우리에게 죄 지은 자를 사하여 준 것 같이
우리 죄를 사하여 주시옵고

우리가 서로를 시험에 들게 하지 않은 것 같이
우리를 시험에 들게 하지 마옵시고

언약 시스템은 언약 당사자들의 헌신으로 가동되며[38] 서로를 닮게 만듭니다. 부부가 서로 닮듯이, 언약 당사자들도 닮은꼴이 됩니다. 그

---

38 네 양 무리 중에서와 타작 마당에서와 포도주 틀에서 그에게 후히 줄지니 곧 네 하나님 여호와께서 네게 복을 주신 대로 그에게 줄지니라 너는 애굽 땅에서 종 되었던 것과 네 하나님 여호와께서 너를 속량하셨음을 기억하라 그것으로 말미암아 내가 오늘 이같이 네게 명령하노라(신 15:14~15).

래서 언약의 목표는 거룩에 있습니다. 백성들이 거룩하신 주를 닮는 것입니다.

그러므로 하늘에 계신 너희 아버지의 온전하심과 같이 너희도 온전하라(5:48).

하나님의 성품을 닮아 나눔 – 용서 – 돌봄에 열심을 내는 백성이 되는 것입니다. 그러므로 언약적 다스림의 세 기둥은 하나님의 일이면서 동시에 우리의 일로 전환됩니다. 이것이 언약 기도의 핵심 사항입니다.

③ 대표법

구조를 살펴보면 그 핵심이 무엇인지를 깨닫게 됩니다. 14~15절이 사족처럼 첨가된 것은 그 핵심이 어디에 있는지를 보여줍니다. 후반부의 세 가지 청원 중 우리의 주목을 끄는 것은 용서 청원입니다. 용서 청원은 땅의 청원을 대표하는 핵심 청원입니다.

그런데 성경이 말하는 용서는 단순히 응어리진 감정의 처리에 있지 않습니다. 한 식구로의 영접이 하나님이 원하시는 용서이며 참된 용서는 하나님 나라의 회복을 가져옵니다.

너희가 각각 마음으로부터 형제를 용서하지 아니하면 나의 하늘 아버지께서도 너희에게 이와 같이 하시리라(마 18:35).

하나님은 죄인 된 우리를 용서하시기 위해 생명 값을 치르셨습니다. 하나님의 용서는 그곳 갈보리에 머물지 않고 우리를 천상으로 이끌었습니다. 하늘 시민으로 이끄셨을 뿐 아니라 당신의 사랑받는 자녀로 높이셨습니다.

예수님의 말씀은 믿는 자녀에게는 그대로 실재입니다.

볼지어다 내가 문 밖에 서서 두드리노니 누구든지 내 음성을 듣고 문을 열면 내가 그에게로 들어가 그와 더불어 먹고 그는 나와 더불어 먹으리라(계 3:20).

하나님은 이와 같이 우리를 용서하셨습니다. 따라서 우리가 형제를 이와 같이 용서할 때까지는 '중심으로' 용서한 것이 아니고 하나님 나라의 회복이 아닙니다. 용서를 통하여 밥상 공동체가 회복됩니다. 용서를 통하여 가족 공동체가 회복됩니다. 이것이 하나님 나라의 참된 회복입니다.

하나님의 나라는 무수한 '용서'가 있었기에 가능하였습니다. 그러므로 하나님의 용서에 동참하고 있는지의 여부는 '더 나은 의'의 사람인가를 판별케 해 줍니다. 하나님의 용서에 동참하는 사람이라면 하나님의 성품으로 빚어진 자녀임을 의심할 수 없습니다.

너희가 사람의 잘못을 용서하지 아니하면 너희 아버지께서도 너희 잘못을 용서하지 아니하시리라(6:15).

의의 핵심은 그분 성품과의 일치에 있음을 계속해서 살폈습니다. 그 성품에 일치된 행위를 하나로 응축하게 되면 '용서'가 됩니다. 예수님은 '주의 기도'를 통하여 이것을 딱 짚어 말씀하신 것입니다. 팔복의 메시지를 떠올려 보면, 용서의 사람은 온유한 성품의 사람입니다. 역으로 참된 용서에 동참하기 전까지는 그는 온유한 사람이 아닌 것입니다.

용서는 '온유한' 하나님을 대변하고, 자비하신 하나님의 행사 가운데 핵심을 차지합니다(롬 5:8). 그래서 하나님의 사랑의 백미는 골고다에 세워진 십자가가 아니었습니까! 땅의 세 가지 청원은 하나의 청원으로 대표되고, 그것은 용서 청원이 됩니다. 이것을 지시하고자 14~15절이 기록되었습니다.

정리합니다. 주기도문에 대해서는 많은 설교가 있어 은혜를 얻기도 하지만 혼란스러운 것도 사실입니다. 그만큼 오해의 소지가 많아서 주기도문을 몇 번 외우면 기도 응답을 받는다는 식의 가르침도 항간에 떠돕니다. 주님이 통곡하실 일입니다. 이제 주의 기도는 매우 명확하고 강력하게 각 사람들에게 들려져야 합니다.

"아버지의 용서[39]에 동참할 수 있도록 우리를 악에서 건져 주옵소서!"

> **주기도문**
> 아버지의 용서에 동참할 수 있도록 우리를 악에서 건져 주옵소서!

예수님의 대 제사장적 기도 중 한 구절입니다.

---

39 이 말씀을 하시고 그들을 향하사 숨을 내쉬며 이르시되 성령을 받으라, 너희가 누구의 죄든지 사하면 사하여질 것이요 누구의 죄든지 그대로 두면 그대로 있으리라 하시니라(요 20:22~23 참조).

내가 비옵는 것은 그들을 세상에서 데려가시기를 위함이 아니요 다만 악에 빠지지
않게 보전하시기를 위함이니이다(요 17:15).

주기도문의 실제라 해도 무방해 보입니다. 교회는 악에 거하지 않
도록 깨어 구해야 합니다.

하나님의 다스림이 이 세계의 구체적인 필요와 밀접하게 연관되는
것은 중요합니다. 그 다스림에는 양식의 공급과 죄 사함이 있고, 실족
하는 일이 없습니다. 왜 그분의 다스림을 갈망하게 되는지 깨닫게 됩
니다.

4-2 주기도문과 거지 나사로의 비유

교회가 왜 갈등하며 분리됩니까? 하나님의 백성들 사이에 존재하는 이토록 놀라운 분리는 어디에서 연유합니까? 우리 주님은 '하나라도 잃어지는 것이' 아버지의 뜻이 아니라고 했건만, 교회는 무수한 영혼들을 잃고도 소위 '영혼의 안전감'(교리) 속에서 위로받고자 합니까?

눅 16장 19~31절까지의 내용입니다. 거지 나사로의 이야기는 일용할 양식의 문제로부터 출발, 돌봄의 문제로 발전하면서 하나님 백성됨으로부터의 소외 또는 거절이라는 문제의식을 가지고 구성됩니다. 그렇기에 거지 나사로의 이야기를 통하여 우리에게 주고자 하는 교훈이란 사실 주기도문을 통하여 주시는 교훈과 다르지 않습니다.

예수님은 비유 중 '거지'라는 표현을 사용하셔서 그 백성 가운데 실상 거지라 부를만한 형편에 처해 있는 이들이 있음을 인정합니다. 하지만 그들 역시 하나님의 '백성'임을 분명히 합니다.

> 이에 그 거지가 죽어 천사들에게 받들려 아브라함의 품에 들어가고 부자도 죽어 장사되매(22절).

하나님의 백성으로서 한 식구임에도 불구하고 일용할 양식을 제공하는 데 있어 눈을 감아 버리고 마땅한 돌봄을 제공치 않는 것은 무엇을 의미합니까? 그것은 하나님의 백성으로 인정할 수 없다는 태도입니다. 한 식구로 맞아들일 수 없다는 의미입니다. 이것이 거지 나사로에 대한 부자의 태도입니다. 그리고 이에 대한 하나님의 태도 역시 단호합니다. "나도 너를 거절한다!"

'거지 나사로가 어떻게 구원을 받을 수 있었을까?' 교리적 시각으로 접근해가면 이와 같은 의혹을 떨쳐낼 수가 없습니다. 그리하여 강단 설교자는 이를 교리적으로 설명하기 위해 진땀을 흘립니다. 안타까운 일입니다. 교리적 입장이 강조되는 설교란 대부분 본문의 의도를 확신하지 못하는 경우입니다. 본문의 의도는 도외시한 채 열변을 토하며 신학적 입장을 달리하는 이들은 마귀라도 되는 양 공격을 퍼붓는 설교들에 실소를 금할 수 없습니다. 교리적으로 안전감을 주고자 하는, 정교한 논리를 세우고자 하는 설교자들의 은혜(?) 속에 교회는 하나님으로부터 멀어지고 있지 않습니까? 구원의 확신을 갖는 일은 중요하지만 남발되거나, 양심의 소리를 무시하도록 해서는 안 됩니다. 목양자의 직무는 1차적으로 말씀과 기도요, 교리와 기도가 아닌 것입니다.

교리적으로 설명해 보겠습니다.

거지 나사로를 그 백성으로 인정치 않음은 하나님의 자비로만 백성이 될 수 있음을 실천적으로 외면하는 일입니다. '다만 값없이 오직 은혜로 차별 없이 주어지는' 구원교리를 믿었지만, 관념적이며 자신만의 일로 한정되고 있을 뿐입니다. 자신을 향해서는 한없이 자비한 하나님을 찬양합니다. 하지만 형제자매, 이웃을 향해서는 엄정한 하나님에 대해 말하기를 즐겨합니다. 그렇게 살면 안 된다고 합니다. 하나님의 공의를 주장합니다. 은혜 대신 형벌을 고집할 때가 많습니다. 이것은 모두 무늬만 '오직 은혜' 교리 신봉자일 뿐 실천적인 행위 구원론자(공로 구원)임을 증명합니다.

이것이 무서운 일입니다.

아아 허탄한 사람아, 행함이 없는 믿음이 헛것인 줄을 알고자 하느냐(약 2:20).

이 세계는 명목상 은혜구원교리를 신봉하는 이들이 많은 것 같습니다. 누군가를 정죄하기에 앞서 행함과 일치하기를 힘써야 합니다.

5장 마음의 갱신 1

마음의 갱신은 먼저 염려를 극복하는 일에 초점을 맞춥니다. 생활의 염려는 탐욕을 부채질하기 때문입니다. 탐욕으로 섬기는 신앙은 이미 우상숭배와 같습니다. 하나님을 섬기는 공동체에 무슨 우상숭배냐 하겠지만, 아닙니다. 외식적 신앙은 다 우상숭배입니다. 하나님의 영광을 위하지 않고 본인의 탐욕을 위하기 때문입니다. 그래서 경계되어야 합니다. 그러므로 신앙 갱신을 위하여 탐욕과 외식에 이르는 염려의 싹을 잘라내야 합니다.

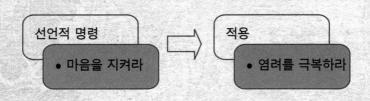

단락의 구조를 살피면, 19~24절까지가 "하나님께 전심을 드려 마음을 지키라"는 선언적 명령이 됩니다. 25~34절까지는 "언약의 하나님을 믿어 마음에 틈타고 있는 사심을 극복하라"는 적용 단락이 됩니다. 이제 그 내용을 살피기에 앞서 먼저 말씀드려야 할 것이 있습니다.

한국 교회를 위하여 매우 필요한 일이고, 예수님은 우리에게 믿음을 요구하지만 도리어 그 말씀으로 인해 성도들이 불법한 일을 저지르게 되었다는 심각성 때문입니다.

야고보 사도는 말합니다.

만일 형제나 자매가 헐벗고 일용할 양식이 없는데 너희 중에 누구든지 그에게 이르되 평안히 가라, 덥게 하라, 배부르게 하라 하며 그 몸에 쓸 것을 주지 아니하면 무슨 유익이 있으리요(약 2:15~16).

그런데도 우리는 여전히 어려움을 당한 성도에게 믿음을 강조하면서 그저 "기도합시다!"라고만 말할 뿐입니다. 물론 이것이 전부는 아니겠지만, 그렇다고 교회가 이 문제에 적극적으로 나서지 않고 있는 것 또한 사실입니다. 그러므로 주님의 교훈을 받기 전에 잘못 오해될 수 있는 점을 먼저 밝힙니다.

생활의 문제를 죄악시 말라!

생활의 염려에 매여 살면 안 됩니다. 하지만 생활의 문제를 외면하고 참 신앙은 없습니다! 의식주의 문제는 하나님이 직접 먹이시고 입히실 정도로 천부께서 관심이 많은 일이요, 어찌보면 우리의 일이 아닌 하나님의 일이라고까지 할 정도로 중차대한 문제입니다. 이 일을 소홀히 하고 바른 신앙의 길은 없습니다.

한국 교회는 '전도'하는 일에 많은 돈을 투입합니다. 아파트 전도-

커피 전도-문서 전도-태신자 운동 등 엄청난 헌신을 쏟아 붓습니다. 전도가 주님의 지상명령이기 때문입니다.

그러나 사도행전을 보면, 재정의 막대한 양이 '하루치' 양식을 위해 쏟아 부어집니다. 하지만 땅 끝까지 복음을 전하는 일에는 심지어 '자비량'이란 말이 생길 정도로 돈과는 관련이 없어 보입니다.

교회는 '하나님의 의'에 눈떠야 합니다. 생명 구원이란 미명하에 돈을 낭비하지 말아야 합니다. 지금의 전도라는 것이 허울뿐인 것은 그것이 교회 성장을 위한 수단일 뿐 생명에 초점이 맞춰져 있지 않기 때문입니다. 물론 평신도들의 순전한 마음과 헌신을 모르는 것이 아니며, 폄하하고자 하는 것 또한 아닙니다. 교회 구조 속에서 일탈되는 전도에 대해 말하고 있을 뿐입니다.

생명에 초점이 맞춰져 있다면 어찌 가난의 문제에 대해서 무관심하고 무능력할 수 있겠습니까? 건물에는 몇 백억을 드리면서도 아까워하지 않는데, '참 교회'인 성도의 고통에는 과연 얼마나 재정이 투입되고 있습니까? 그러니 일반 사회인들이 목사를 "사장님"이라고 비아냥거리는 것 아닙니까!

전도는 하나님의 능력과 좋은 소문(행 2:47)을 통해 이루어져야 합니다. 그리고 교회의 재정은 성도들의 필요에 따라 나누는 일에 우선적으로 쓰여져야 합니다. 어려운 형편에 있는 이웃의 성도들과 전 세계의 가난한 형제들을 적극적으로 섬기는 일을 통해 '하나님의 의'를 이룰 수 있어야 합니다.

이제는 교회가 공동체의 문제, 삶의 문제들로부터 초월하여 나아가지 않기를 간절히 바라는 마음입니다.

시내산 언약이 있기까지, 그리고 시내산으로 이끄셔서 언약을 맺으시는 하나님에 대해 생각해 보겠습니다. 역사 속에 일관되이 흐르는 하나님의 비전을 발견하게 됩니다.

모세가 평생 사표로 삼은 인물은 요셉입니다. 모세는 요셉과 같은 존귀한 인생을 사모했습니다. 모세는 고통 받는 민중과 함께 호흡하는 길을 택했고, 민중을 위한 지도자(목자)가 되기를 소원했습니다. "저들을 위한 지도력을 펼쳐 보이리라. 그래서 요셉과 같은 존경을 받는 사람이 되리라!" 그런 꿈과 비전을 어려서부터 고이 간직했습니다. 그리고 우리는 국시(國是)가 존경받는 나라에 있었던 이스라엘의 태동을 목격하게 됩니다(출 19:5~6, 마 5:16, 롬 14:18).

요셉의 비전

요셉은 모세에 의해 꿈의 사람으로 부각됩니다. 두 번 연속하여 꾼 꿈은 단순한 꿈이 아니어서(37:5~11), 요셉은 하나님이 확정해 주셨다는 징표로 이해하게 됩니다. 그렇기에 하나님께 소망을 두고 오랜 세월 동안 억울한 일과 부당한 대우를 참아냅니다. 요셉은 꿈의 사람으로 알려졌고(40장 참조), 애굽의 왕 바로 앞에 서게 됩니다. 그리고 요셉은 자신의 꿈대로 존경받는 인물이 되었습니다.

그럼 7년간의 국가적 재난의 시대에 애굽의 제2인자로서 요셉이 한 일은 무엇입니까? 어떤 정치적 조치들을 단행했는지 살펴보아야 합니다.

1) 국부(國富)를 한 곳에 집중시켰습니다.

이 조치(47:14)를 이해하기 위해 우리는 이집트 제국을 조금 살펴봐야 합니다. 중왕국시대(기원전 2400~1560년)의 어느 한 시점에 본문이 위치할 것입니다. 이집트는 큰 집, 즉 왕궁이라는 뜻을 가진 파라오로 불리워졌습니다. 파라오는 신적인 존재로 존경 받았으며, 절대적인 권력을 장악하고 있었습니다. 전 국토가 그의 소유물이었습니다.

그 밑에 여러 귀족들이 권력의 정 중앙에 위치하였고, 지방장관으로 노마르프를 두었습니다. 이들은 왕의 공물을 거둬들이는 일을 했으며, 왕이 사용할 노예와 농민을 차출하였고, 왕명에 따라 병력을 징집할 의무가 있었습니다. 그러나 노마르프는 작은 왕 같은 존재였습니다. 자신이 관할하는 지방에서의 생산물은 이 노마르프에게 집중되었습니다. 그외 지방 호족 같은 존재들도 있었습니다.

그러나 무엇보다 큰 권력을 지녔던 집단은 종교 계층이었습니다. 이들은 왕에 버금가는, 어떤 경우에는 왕을 능가하는 막강한 부를 소유했던 집단이었습니다. 한때 이크나톤[40]은 신관의 권력을 제거하여 그들의 부를 자기 수중에 넣으려고 종교개혁을 단행하였습니다. 다신교를 폐지하고 태양신인 아톤을 신봉하는 윤리적인 일신교를 만들어 널리 보급하려 했지만, 그의 죽음과 더불어 이집트의 종교는 원래대로 회귀되었습니다. 결국 그는 이집트의 반역자요, 왕가의 수치로 치부됩니다.

이집트 사회는 노예제에 기초한 전형적인 피라미드 형태의 사회입

---

40 제18왕조의 왕(BC 1353~1336 재위).

니다. 노예들의 생활은 참담했고, 농민들의 삶 또한 고단했습니다. 시대가 불안할수록 백성의 고혈을 빨아먹는 기생충은 극성을 부리는 법, 요셉이 감옥에 있을 때 여러 명의 혁명가들을 만났던 것은 당시의 시대상을 반영하는 좋은 예입니다.

　요셉과 무관하지 않았을 농민 대폭동이 일어난 것은 기원전 1750년이었습니다. 이집트에서 노예와 농민이 함께 반란을 일으킨 경우는 여러 번 있었습니다. 어떤 파피루스에는 이렇게 적혀 있습니다.

　순식간에 제왕의 도시가 점령되었다. 왕은 가난한 자에게 체포되었다. 궁인들은 왕궁에서 쫓겨났다. 벼슬아치들은 살해되었고 서류는 소실되었다. 반도들은 연공대장을 불태워 어느 누구도 조세를 물지 않았으며, 왕을 보좌하는 재판관들은 추방되고, 왕궁의 창고에서 곡물이 반출되었다. 한편 폭동이 전 이집트로 확산되면서 제방이 파괴되고 운하는 흙으로 뒤덮였다. 경지는 물로 가득했다. 대부분의 부자들이 살해되거나 몰락했으며 극히 일부만이 인접한 나라로 도망칠 수 있었다. 빈민은 왕을 폐하고 부자들을 몰아냈으나, 권력을 장악하는 데에는 실패했다.[41]

　빈민들은 기존 세계를 해체는 했지만, 새로운 세계를 건설할 역량은 갖추지 못했기 때문에 그들의 승리는 오래 가지 못했다는 것입니다. 여기서 우리는 생각해 볼 수 있습니다. 강력한 중앙 정부에 세를 바치고, 또 지방의 귀족과 호족에게 세를 바쳐야 했으며, 국가적 공사

---

41 소련과학아카데미 엮음/편집부 옮김, 『세계의 역사(고대편)』, 형성사, p.55~56

에 부역으로 동원되는 일은 빈번했을 터이니 백성들이 져야 할 고통스런 삶의 무게가 얼마나 큰 것이었는지를 미루어 짐작해 볼 수 있습니다.

요셉은 그러한 실상을 알았습니다. 그가 이와 같은 상황을 타계하기 위해 제시한 첫 번째 조치는 화폐의 징수였습니다. 이는 지방 부호들의 권력을 와해시키는 조치였습니다. 이후 적어도 동산(動産)의 관점에서 본다면 노예나 농민, 귀족의 형편이 매 한가지인 것처럼 보입니다.

조선 초에 귀족들은 저마다 사병을 거느렸습니다. 사병들을 거느린 귀족의 막강한 힘 때문에 종종 암살과 피의 쿠데타가 일어나게 됩니다. 수양대군 또한 정권을 잡기까지 자신이 거느린 사병의 힘에 의지해야 했습니다. 그런데 이렇게 저마다 사병 집단을 거느리려면 막대한 자금이 축적되지 않고는 불가능합니다. 요셉이 모든 부를 왕궁의 수중으로 거두어들인 직접적인 효과는 왕을 대적할 만한 권력 집단이 모두 와해되었다는 점입니다.

요셉이 그렇게 한 이유가 무엇이었겠습니까? 2중 3중의 수탈에서 민중을 구해내기 위함이 아니겠습니까?

2) 두 번째로 단행된 조치는 애굽 온 토지의 매입입니다.

이 조치(47:20)의 의미는 동산(動産)뿐 아니라 부동산(不動産)까지 왕궁의 소유가 되었다는 데서 찾아 볼 수 있습니다. 지방 호족들의 잠재적 권력의 토대마저 용납지 않았습니다. 그만큼 개혁은 신속하고 급속도로 진행되었습니다.

요셉은 그 강탈한 토지를 가지고 무엇을 했을까요? 현대사에 들어서 우리나라에 토지개혁이 두 차례 있었다고 합니다. 그러나 두 번 다 만족할만한 수준에 미치지는 못했던 것 같습니다. 그러나 그럼에도 그 효과는 대단하여 대천덕 신부는 한국전쟁을 승리로 이끄는 획기적 전기가 마련될 수 있었다고 평가합니다.

그러고 보면, 백성들이 원하는 것은 언제나 소박한 것 같습니다. 조그마한 땅뙈기가 전부입니다. 그런데도 탐욕에 눈이 어두워진 이들은 그 한결같은 소망을 언제나 배신하며 수탈하고 착취합니다. 정치적인 개혁이 단행되어도 토지제도만큼은 거의 변화되지 않았습니다. 요샛말로 그 놈이 그 놈인 때문입니다.

3) 토지법을 혁신적으로 단행했습니다.

요셉이 열망했던 새로운 나라는 토지법의 변화에 있었습니다 (47:26). 토지가 지방 귀족들의 수중에 있는 한 백성들의 삶은 보호받을 수 없었습니다. 각종 명목으로 거두어들이는 세금으로 인해 백성들은 마지막 피 한 방울까지 뜯겨야 했습니다.

국가 위급시에 나라를 수호해야 할 백성들이 파라오의 은택을 입지 못한다면, 그래서 정서적으로 파라오로부터 분리되어진다면 이미 이집트는 존재하지 않는 것과 같습니다. 국가 위기를 극복할 충분한 역량을 축적하려면 백성들의 삶은 평상시 보호받을 수 있어야 합니다.

요셉은 이제 무혈 쿠데타에 성공하게 됩니다. 토지법을 혁신적으로 바꾼 이 사건은 역사상 유혈혁명에 의거하지 않고는 단 한 번도 성공한 적이 없기 때문에 나는 이 사건을 쿠데타에 비견해 봅니다.

새로운 토지법이 반포되었습니다. 이제 누구라도 파라오의 은택과 보호에서 소외되지 않을 것입니다. 추수한 양에서 오분지 일만 국세로 바치면 되었습니다. 요셉은 앞서의 경험, 즉 7년 풍작 시 5분의 1을 거두어들인 성공적인 전례를 들어 이를 법제화했습니다.

고대세계에서 이러한 조세법은 획기적인 것이었습니다.

그들이 가로되 주께서 우리를 살리셨사오니 우리가 주께 은혜를 입고 바로의 종이 되겠나이다(창 47:25).

이집트 백성들의 반응을 보면, 이것이 얼마나 파격적인 법이었는지를 짐작하고도 남음이 있습니다.

모세가 시내산에서 하나님께 받은 율법은 십일조, 즉 십분의 일을 바치라는 것이었습니다. 반면 요셉은 십분의 이(二)를 법제화시켰습니다. 이것은 절대로 과한 조세제도가 아니었습니다. 당시 이런 저런 명목으로 십분의 칠 내지 팔을 뜯겨야 했음을 감안하면, 이 법은 백성들의 편에 선, 백성들을 위한 법임에 틀림없습니다. 그렇기에 이집트 백성들은 야곱과 요셉이 죽었을 때, 그렇게 오랫동안 슬퍼하며 애곡했던 것입니다. 요셉은 그렇게 존경 받는 사람이 될 수 있었습니다.

우리는 요셉을 다시 읽어야 합니다. 모든 사람이 존경 받는 위치에 서고 싶을 것입니다. 다른 사람에게 칭찬을 듣는 사람은 그 삶이 기쁠 수밖에 없습니다. 행복한 것입니다. 그래서 누군가로부터 칭찬을 얻고자 하는 것은 인지상정입니다.

요셉은 도저히 용서할 수 없는 자신의 형제들을 용서했습니다. 그의 형들은 도저히 기쁨과 호의를 얻을 수 없는 입장에서 기쁨과 호의를 얻었습니다. 그래서 요셉의 형들은 요셉을 존경했으며 모든 이스라엘이 그를 칭찬했습니다.

요셉을 칭찬했던 사람은 그의 가족만이 아니었습니다. 애굽의 온 백성이 그를 칭찬했습니다. 요셉이 무엇을 어떻게 했길래 애굽 온 나라가 그의 죽음에 슬퍼하며 애도했을까요? 요셉은 한 나라를 구했을 뿐만 아니라 온 세계를 구했습니다. 나라를 구하고도 백성은 피폐해지는 경우가 있는데, 요셉은 나라를 구하고 백성을 구했던 것입니다.

요셉은 예수에 비견되는 인물입니다. 그의 형제들이 그를 죽이려고 구덩이 속에 처넣었을 때, 신학자들은 십자가에 못 박히신 예수님을 상정할 수 있었습니다. 그래서 그리스도의 십자가 죽으심에 대한 모형으로서, 그리스도의 구약적 예표 또는 그림자로서 요셉을 말할 수 있습니다.

한 가지 더 요셉에게서 예수님의 흔적을 발견하게 되는 것은 헐벗고 방황하는 처지에 있던 양들을 안타까워하며 그들의 목자가 되었다는 점입니다. 그 속에서 우리는 예수님 같은 목자 요셉을 발견하게 됩니다.

모세의 비전

모세의 출생 배경은 이미 잘 알려져 있습니다. 이집트 대 제국의 심장부인 왕궁에서 왕자의 신분으로, 유모(생모)를 통하여 자신의 정체성에 대한 많은 이야기들을 들으며 성장합니다. 이때 들었던 이야기 속의 요셉은 빼놓을 수 없는 자랑스러운 히브리인으로서 그의 영웅이 됩니다.

어린 나이에 들은 이야기는 모호하기 마련입니다. 동화 같은 이야기를 통하여 꿈은 키울 수 있겠지만, 그것으로 한 사람의 인생을 지도하기에는 언제나 부족한 것입니다. 그런데 그는 그것을 보충할 수 있는 곳에서 자랐습니다. 당시 이집트 제국의 왕궁 도서실은 세계 최고의 정보와 지식을 축적하고 있는 곳이었습니다.

영화 「이집트 왕자」와 더불어 소설 『람세스』가 많은 사람에게 읽혀졌는데, 그 내용 중에 보면 이집트 왕자들은 왕실 서고를 자유로이, 그리고 조직적으로 이용하면서 많은 학식을 얻는 것이 나옵니다. 고대세계에 무슨 도서관이 있겠어, 또는 소장 자료가 있으면 얼마나 되겠어 하는 생각은 잘못된 것입니다. 왜냐하면 이집트 제국은 고대와 중기를 거치며 오래된 역사와 전통 위에 있었기 때문입니다.

모세는 필시 그곳 왕실 서고에서 요셉을 추적할 수 있었을 것입니다. 요셉에 대한 기록을 통해 존경 받는 통치자의 치세원리를 발견할 수 있었을 것이고, 그런 만큼 그는 개혁적 성향의 인물이 되었을 것입니다.

그런데 모세가 전하는 요셉의 개혁 정치 기사를 주의해서 읽다 보면 대단히 이례적인 두 구절을 발견할 수 있습니다. 47장 22절과 26절이 그 구절인데, 나는 이 구절이 요셉의 개혁정책을 평가한 구절이라 생각하고 싶습니다. 모세는 요셉이 주도해간 혁명적 정책들 속에서 한계를 보았습니다. 그리고 그 한계들 때문에 요셉의 개혁은 조만간 실패할 것이 틀림없다는 자신의 평가를 덧붙이게 됩니다.

> 제사장들의 토지는 사지 아니하였으니 제사장들은 바로에게서 녹을 받음이라 바
> 로가 주는 녹을 먹으므로 그들이 토지를 팔지 않음이었더라(창 47:22).
> 요셉이 애굽 토지법을 세우매 그 오분의 일이 바로에게 상납되나 제사장의 토지는
> 바로의 소유가 되지 아니하여 오늘날까지 이르니라(창 47:26).

이집트의 종단(宗團)은 이미 이집트의 왕이 통제할 수 없는 거대집
단이요, 왕의 주권이 미치지 아니하는 치외법권 지역이라 할 만 했습
니다. 이들은 이집트라는 한 나라에 속한 것이 아니라 하늘에 있는 나
라(?)에 속한 집단이었습니다.

우리는 이 신령한(?) 나라가 요셉의 개혁정치에 전혀 동참하지 않았
던 것을 발견합니다. 요셉의 개혁이 갖는 한계가 바로 여기에 있었고,
이 점을 모세는 직시하였던 것입니다. 그래서 모세는 완벽한 혁명, 완
전한 개혁을 위해서는 반드시 종교개혁을 단행할 수밖에 없다는 생각
을 갖게 되었습니다.

이런 정황을 고려해 볼 때, 모세의 꿈은 이집트라고 하는 낡은 부대
(?)에서는 불가능한 것이었고, 이런 인식은 당연히 모세에게 큰 좌절
을 가져다주었습니다. 이집트는 이미 수천 년을 이어오면서 권력 지도
가 확고히 그려져 있던 안정화된 제국이었기 때문입니다.

그러나 바로 이 지점에서 우리는 요셉의 삶 속에 깊이 개입하셨던
하나님을 만나게 됩니다. 인간의 생각을 뛰어넘어 불가능을 가능으로
역전시키는 분이 바로 여호와 하나님이셨습니다. 하지만 모세가 자신

의 생각을 내려놓고 여호와를 만나기까지는 오랜 시간이 흘러야 했습니다.

모세의 비전은 시내산에서 절정에 이른다. 모세의 비전은 단순히 모세만의 비전이 아니었습니다. 그가 가진 비전은 바로 하나님이 열망하셨던 '그 비전'이었음이 시내산에서 가감 없이 증명됩니다. 시내 산에서의 언약 체결이 의미하는 바는 모세를 필두로 한 이스라엘 민족이 하나님의 비전을 승계한 집단으로서 정통성을 인정받았다는 점에 있습니다.

이것은 매우 의미가 큰 것입니다. 이 땅에 이루실 하나님의 나라를 소망하며 그 비전을 승계하여 투쟁하는 교회는 시내산으로 가야 합니다. 시내산으로 가서 존경받는 교회의 모습이 무엇인지를 보아야 합니다. 요셉의 꿈이었고, 모세가 소망했던 '존경 받는 자'에 대한 이상은 이제 개인적인 차원을 넘어 국가적 차원에서 거론됩니다. 그래서 이스라엘의 국시(國是)가 존경 받는 나라가 된 것입니다.

> 세계가 다 내게 속하였나니 너희가 내 말을 잘 듣고 내 언약을 지키면 너희는 모든 민족 중에서 내 소유가 되겠고, 너희가 내게 대하여 제사장 나라가 되며 거룩한 백성이 되리라 너는 이 말을 이스라엘 자손에게 전할지니라(출 19:5~6).

5절에서 '소유'라고 번역된 히브리어는 '쎄굴라'로 '보배'를 뜻합니다. 하나님께는 보배요, 세상 나라들로부터는 존경 받는 나라와 백성들로 자리매김 하게 되는 것입니다. 어떻게? "내 말을 잘 듣고 내 언약을 지키면" 됩니다.

이와 관련해 고든 피의 글을 잠시 인용해 보겠습니다.

　바울이 보낸 편지에서 그가 독자들을 부르는 가장 일반적인 명칭은 '성도들'이다. 그럴 때 이 표현은 그들이 성 페트릭이나 성 테레사와 같은 의미에서, 또는 '나의 아주머니 베티는 정말 성인 같은 사람'이라는 의미에서의 특별한 신자들임을 의미하지 않는다. 그는 단지 특정 도시나 지역에 있는 모든 하나님의 백성을 가리킨다. 바울은 자신의 유대적 배경에서 끌어낸 이 용어를 하나님의 백성을 일컫는 명칭으로 사용한다. '성도들'이라는 용어는 본래 하나님의 '거룩한 백성', 곧 이 세상에서 하나님의 목적을 성취하기 위해 택함을 받고 구속되어 시내산에서 하나님 앞에 모인 백성을 가리킨다(출 19:5~6). 이 용어는 종말에 대한 이상을 기록하는 다니엘서 7장 18절에서 '나라를 얻고 그것을 영원히 소유 할 지극히 높으신 자의 성도들'을 가리키는 데 다시 사용된다.

　…따라서 바울이 새로 구성된 하나님의 백성을 가리키는 데 사용한 모든 용어는 구약 성경에서 왔다. 그들은 하나님의 '백성'이다. 왜냐하면 그 하나님이 '택하신 자들'이기 때문이다. '할례나 무할례'의 율법으로 사는 자들이 아니라 '하나님의 이스라엘'이다(갈 6:16). 가장 일반적인 명칭은 바울이 70인역에서 빌어온 '교회'(에클레시아)이다. 70인역에서 에클레시아는 가장 빈번하게 '이스라엘의 회중'을 뜻하는 히브리어 '카할'을 번역하는 데 고정적으로 사용되었다. 이처럼 구약 성경의 용어인 '백성'을 자주 사용한 것은 바울이 교회를 하나님의 옛 언약 백성과 연속성을 가질 뿐

아니라 그 백성의 참된 계승자로 보았음을 분명하게 보여준다.[42]

　이 같은 고든의 진술은 꽤나 중요하다고 생각됩니다. 오늘날 교회는 과거 이스라엘이 시내산에서 하나님의 비전(목적)을 승계하였듯이, 동일하게 하나님의 비전을 승계하고 있는 자들의 모임이라는 것입니다. 그러나 이와 같은 정체성을 상실한 채 단순히 '택함 받은' 무리라고 하는 데서 정체된 교회는 얼마나 많습니까!

　나는 앞서 요셉의 정책적 조치들을 통하여 요셉의 비전이 어떻게 드러났는지를 살폈습니다. 요셉은 하나님을 대신한 이집트의 목자였습니다. 헐벗고 방황하는, 그래서 고통 가운데 있었던 이집트의 대다수 농민들을 어머니의 심정으로 품어냈습니다. 그들의 삶이 '해피'(happy)할 수 있도록 실질적인 도움을 제공하였습니다. 요셉의 비전은 모세를 통하여 이스라엘의 비전으로 자리하게 되었고, 참 이스라엘인 교회가 그 비전을 승계한 것입니다. 역사 속에 나타난 하나님의 비전은 하나님의 사람들에 의해 오늘도 진행되어지는 실재임을 교회는 깊이 인식해야 합니다.

42　고든 피 지음/길성남 옮김, 『바울, 성령, 그리고 하나님의 백성』, 좋은씨앗, p.101

5-1 마음의 지향성

언약이란 서로를 구속할 수 있는 강제력이 있습니다. 호세아 선지자는 시내산 언약식을 결혼식에 비유하여 하나님과 이스라엘의 관계를 남편과 아내로 설정합니다. 부부가 되면 남편이 아내에게, 아내가 남편에게 사랑을 요구할 수 있듯이 하나님과 우리가 그러합니다. 행여 그 마음에 다른 남자, 다른 여자를 두게 되면 부부관계가 불행해지듯, 하나님과 우리의 관계가 또한 그러합니다.

질투를 모르는 분이 왜 질투심으로 분노가 폭발합니까? 왜 독점적인 사랑을 강요합니까? 이것이 바로 부부에 비견될 언약적 관계를 맺은 결과입니다. 그래서 우리는 늘 우리의 마음을 살펴야 합니다.

네 하나님 여호와께서 네 마음과 네 자손의 마음에 할례를 베푸사 너로 마음을 다하며 뜻을 다하여 네 하나님 여호와를 사랑하게 하사 너로 생명을 얻게 하실 것이며(신 30:6).

① A(19~21절)

19절 너희를 위하여 보물을 땅에 쌓아 두지 말라 거기는 좀과 동록이 해하며 도둑이 구멍을 뚫고 도둑질하느니라

20절 오직 너희를 위하여 보물을 하늘에 쌓아 두라 거기는 좀이나 동록이 해하지 못하며 도둑이 구멍을 뚫지도 못하고 도둑질도 못하느니라

21절 네 보물 있는 그 곳에는 네 마음도 있느니라

보물을 땅에 쌓아서는 안 된다는 명령입니다. 보물 가는 곳에 마음도 가기 때문입니다. 우리의 마음은 가치 있게 여기는 그것을 따라 함께 하게 됩니다. 이것이 우리 마음의 지향성입니다. 이 지향성으로 인해 재물이 우리 마음의 보물이 되어서는 하나님의 '의'를 이룰 수 없습니다.

하나님의 '의'란 온유함으로 대변되며 하나님의 성품에 동참하는 것이어서 그 결과로 생명을 얻습니다. 온유한 자는 생명을 얻는 자입니다. 그렇기에 생명을 가장 가치 있는 것으로 여기는 자일 수밖에 없습니다. 생명을 얻고자 재물을 투자할 수는 있어도, 재물을 얻고자 생명을 잃을 수 없는 사람들입니다. 그렇기에 치부(致富)에 가치를 두는 자는 하나님의 '의'를 이룰 수 없다고 한 것입니다.

② A(24절)

24절 한 사람이 두 주인을 섬기지 못할 것이니 혹 이를 미워하고 저를

사랑하거나 혹 이를 중히 여기고 저를 경히 여김이라 너희가 하나
님과 재물을 겸하여 섬기지 못하느니라

섬길 대상 하나를 마음에 선택해야 헌신하는 일이 가능하게 됩니
다. 우리의 마음 구조는 두 가지 다를 허용하지 않는가 봅니다. 보물
을 땅에도 쌓고 하늘에도 쌓을 수 있다면 얼마나 좋겠습니까? 우리는
그렇게 할 수 있다고 생각하는 데 예수님은 아니라고 말씀하십니다.
하나님과 재물을 겸하여 섬길 수 없다고 단정지어 말씀하십니다.

예수님은 부자나 재물을 정죄하지 않았습니다. 단 재물의 축적을
정죄할 뿐입니다. 예수님의 가르침은 재물의 나눔을 강조하여 획득된
재물이 잘 나누어질 수 있기를 바라셨습니다. 물론 나눌 것이 있기 위
해서 성실히 살 것이 적극 권장되었고, 단지 부자가 되고자 재물을 축
적하는 일은 금지되었습니다. 재물을 축적하면서 동시에 나눌 수는
없는 일이기 때문입니다. 그것이 재물을 겸하여 섬길 수 없는 이유입
니다.

③ B(22~23절)

22절 눈은 몸의 등불이니 그러므로 네 눈이 성하면 온 몸이 밝을 것이요
23절 눈이 나쁘면 온 몸이 어두울 것이니 그러므로 네게 있는 빛이 어두
우면 그 어둠이 얼마나 더하겠느냐

마음에 무엇이 있는가 하는 점은 대단히 중요한 문제입니다. 하나

님의 의를 실천해야 될 제자들과 우리들이 꼭 점검 받아야 할 핵심사항으로, 마음에 무엇이 있는가에 따라서 우상숭배냐 아니면 하나님 섬김이냐가 판별됩니다.

22절과 23절 전반절에서 눈의 중요한 기능을 논합니다. 우리는 눈을 통하여 세상을 인지하게 됩니다. 그렇기에 눈이 고장 나면, 가령 보지 말아야 할 것을 본다거나 봐야 할 것을 보지 못한다면, 그것은 우리에게 심대한 악영향을 초래할 것이 분명합니다.

23절 하반절 그러므로 네게 있는 빛이 어두우면 그 어둠이 얼마나 더하겠느냐

여기서 빛이란 21절의 '마음'을 가리키는 것 같습니다. 전반절에 눈의 기능이 언급된 것은 그것이 '마음의 지향성'을 대표하기 때문입니다. 사실 마음에 있는 바를 따라서 눈길이 가고 선택적으로 사물과 세계를 인지하게 될 뿐입니다. 눈이 갖는 영향력과 비교할 수 없을 정도로 마음의 영향력은 큰 것입니다. 그러므로 마음을 살피고 그 마음에 무엇이 있는가를 분별하는 일은 대단히 중요합니다.

이스라엘의 오류는 '구제-기도-금식'에 취하여 스스로 의롭다는 자만에 빠져든 것입니다. 자만심에 빠져 마음을 틈타던 사욕을 가벼이 여겼던 것이고, 그래서 마음을 살피고 분별하는 일에 실패하게 되었습니다. 이스라엘의 종교적 영성이 한가지로 다 치우쳐 외식에 이르게 된 이유에는 재물을 하나님으로 섬기게 된 그 마음이 있었습니다.

5-2 염려의 극복

생활에 대한 지속적인 염려는 재화에 마음을 빼앗기는 원인이 됩니다. 그 위험성을 위의 단락에서 경계했습니다. 그러므로 이에 대한 대안이 구비되어야만 하나님의 말씀에 순종하는 언약 백성으로 거할 수 있게 됩니다.

예수님은 실제적 방도로 하나님에 대한 믿음을 제시합니다. 하나님은 우리에게 있어 누구신가? 무엇을 하실 수 있는가? 하나님에 대한 지식은 우리의 믿음을 구성하여 삶에 적용되어야 합니다.

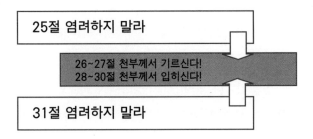

① 25절

25절 그러므로 내가 너희에게 이르노니 목숨을 위하여 무엇을 먹을까 무엇을 마실까 몸을 위하여 무엇을 입을까 염려하지 말라 목숨이 음식보다 중하지 아니하며 몸이 의복보다 중하지 아니하냐 말씀의 요지는 이렇습니다. 너희를 위하여(목숨, 몸을 위하여) 의식주의 문제를 염려하지 말라. 왜냐하면 너희가(목숨, 몸) 의식주보다 중하기 때문이다!

예수님의 말씀은 우리를 당혹스럽게 하는 것입니다. 열심히 일하여 의식주를 얻고자 함은 결국 우리 자신을 위해서가 아닙니까! 의식주가 더 중요하기 때문이 아니라 우리 자신을 위해 의식주가 필요하기 때문이 아닙니까!

예수님이 말씀하는 바는 이렇습니다. '너희 자신을 위하여 의식주의 문제에 얽매이는 것은 진정한 해결책이 될 수 없다. 왜냐하면 너희는 단순히 피조된 여타의 생물체 중 하나가 아니라 하나님을 섬기라고 언약 안으로 부름 받은 하나님의 보배로운 자녀들이기 때문이다!'

하나님을 "아버지"라고 부르는 언약관계를 고려해 볼 때, 진정한 해결책은 언약에의 헌신에 있지 스스로가 스스로를 책임지려는 방식에 있는 것은 아닙니다. 그러니 언약 당사자인 하나님의 부르심을 도외시한 채 스스로가 스스로의 삶을 책임지려 해서는 분별력이 없는 것입니다. 먼저 우리 자신을 위하여 하나님의 부르심을 따라야 함이 맞습니다.

예수님은 이어지는 절을 통하여 우리가 정말로 관심을 가져야 할 일은 의식주의 문제가 아님을 피조된 세계를 통하여 분명히 합니다.

② 26~27절

26절 공중의 새를 보라 심지도 않고 거두지도 않고 창고에 모아들이지

도 아니하되 너희 하늘 아버지께서 기르시나니 너희는 이것들보다 귀하지 아니하냐

27절 너희 중에 누가 염려함으로 그 키를 한 자라도 더할 수 있겠느냐

공중의 새를 기르는 분은 하나님이시고, 분명히 너희는 새보다 존귀한 그분의 자녀라는 말씀입니다. 27절의 말씀은 오늘날 과학의 시대에 부적절한 표현이지만(오늘날 키를 늘리고 있으니 말입니다), 말의 방편으로서 진리를 담아내고 있습니다. 생명은 생명의 주관자이신 하나님을 절대 의존해야 하고, 그분은 우리의 아버지가 되십니다.

③ 28~30절

28절 또 너희가 어찌 의복을 위하여 염려하느냐 들의 백합화가 어떻게 자라는가 생각하여 보라 수고도 아니하고 길쌈도 아니하느니라

29절 그러나 내가 너희에게 말하노니 솔로몬의 모든 영광으로도 입은 것이 이 꽃 하나만 같지 못하였느니라

30절 오늘 있다가 내일 아궁이에 던져지는 들풀도 하나님이 이렇게 입히시거든 하물며 너희일까보냐 믿음이 작은 자들아

백합화를 입히는 분이 하나님이시고, 분명 너희는 이보다 더 귀한 자녀들이라는 말씀입니다. 29절은 삽입절로 인간의 공교한 솜씨가 하나님의 돌보심을 대신할 수 없음을 표현합니다. 그러므로 하나님의 자녀들은 뛰어나게 돌보실 수 있는 생명의 주관자를 의지하고, 그 말

씀과 뜻에 따라야 할 것을 지시받습니다. 이것이 언약관계입니다.

30절의 "너희 믿음이 작은 자들아"라는 대목은 우리의 시선을 끕니다. 예수님께서 갑자기 믿음의 문제를 들고 나오셨기 때문입니다.

사심(탐심)의 문제는 신앙 전반에 영향을 끼치게 됩니다. 앞서 사심에 경도된 외식적 신앙은 그것이 아무리 하나님의 이름으로 포장되어 있을지라도 우상숭배에 지나지 않음을 말씀드렸습니다. 한마디로 믿음 없는 자들이 믿음 있어 보이려고 자신을 치장하는 것입니다. 그러므로 믿음이 '작은 자'라는 표현에 주의를 기울여야 합니다. 믿음이 작은 자는 의식주를 염려하는 자요, 사심으로부터 자유롭지 못한 이요, 언약 밖의 사람이기 때문입니다.

26, 30절에서 '기르시고 입히시는' 하나님에 대한 묘사는 하나님이 그 자녀에게 무엇을 하실 수 있는가에 대한 비유가 됩니다. '하나님은 우리를 기르신다. 하나님은 우리를 입히신다. 하나님은 우리를 돌보신다.' 이렇게 언약에 충실하신 하나님을 믿어야 참된 믿음이고, 하나님이 기대하는 바를 따라 살 수 있게 됩니다.

④ 31~34절

31절 그러므로 염려하여 이르기를 무엇을 먹을까 무엇을 마실까 무엇을 입을까 하지 말라

32절 이는 다 이방인들이 구하는 것이라 너희 하늘 아버지께서 이 모든 것이 너희에게 있어야 할 줄을 아시느니라

33절 그런즉 너희는 먼저 그의 나라와 그의 의를 구하라 그리하면 이 모

든 것을 너희에게 더하시리라

34절 그러므로 내일 일을 위하여 염려하지 말라 내일 일은 내일이 염려
할 것이요 한 날의 괴로움은 그 날로 족하니라

"그러므로 염려하지 말라". 하나님을 아버지라고 부르는 신앙의 사
람들에게 있어서 염려는 불필요한 일입니다. 여기서 32절과 33절의 대
비가 눈에 띕니다. 의식주의 필요는 기본적으로 이방인들이 구하는 것
이나 하나님의 자녀들에게 있어서는 덤으로 주어지고 있습니다. 이것
이 언약 안에 거하는 이들의 유익입니다. 언약 밖에 거하는 이방인들
과 언약 안에 거하는 자녀들을 대비하면서, 그 삶의 차이를 보여준 것
입니다.

31절 염려하지 말라

32절 이방인들이 구하는 것이다

33절 그의 나라와 의를 구하라

34절 염려하지 말라

믿음이란 언약관계에 자신을 '내어 던지는 것'입니다. 언약관계를
고려해 볼 때, 어떤 의미에서는 내어 던지는 만큼 자기 일을 쉬고 하
나님이 기뻐 받으시는 진전을 이뤄갈 것입니다. 그러므로 중요한 것은
담대한 믿음에 있습니다. '큰 믿음'의 소유자는 '그의 나라와 그의 의
를 구하는 일'에 전적으로 자신을 드려 하늘에 큰 상을 쌓게 될 것이

니 말입니다.

믿음의 사람들이 힘써 행할 '그의 나라와 그의 의'는 무엇이었습니까? 이는 하나님의 성품에의 동참이고, 하나님의 돌봄에의 동참으로, 앞서 주기도문을 통하여 알 수 있습니다. 자신의 삶을 자신이 책임져야 하는 세상 불신자들처럼 내일의 삶에 대한 염려는 언약관계에 대한 부정이요, 하나님의 마음과 그 부르심을 거절하는 일이 됩니다.

5-3 하나님의 시험

이스라엘은 하나님의 통치와 다스림 아래 거하는 언약 공동체로서 존재합니다. 하나님과의 관계적 특수성은 그 백성들이 따라야 할 믿음의 길을 규정합니다.

예수님은 바리새인들이 큰 자부심을 갖고 행하던 종교의식적 측면을 고찰하면서 저들의 의롭지 못함의 핵심을 '용서'에서 찾았습니다.

구제라지만 하나님의 가정 식구에서 배제하여 놓고는 일종의 생색내기에 지나지 않음을 지적했습니다. 그렇기에 구제받는 쪽은 항상 배고플 수밖에 없었습니다. 자녀라면 그렇게 하지 않았을 것입니다.

금식한다지만 자기 의를 강화시켜 줄 따름이었습니다. 피상적인(현실에 있어서 실체가 없는) 죄의 자백과 통회는 도리어 정결례 밖의 사람들에 대한 혐오와 분리, 그리고 정죄를 강화시키는 방식으로 작동합니다. 이것으로는 하나님의 뜻에 이를 수 없었습니다.

기도한다는 것으로 하나님을 독점하며 독점적 지위를 충분히 즐기는 것이니, 기도만큼 하나님을 독차지하는 행위 또한 없다 할 것입니다. 그러나 저들은 알아야 했습니다. 기도는 하나님의 용서가 있었기에 가능했음을! 어찌 이 모든 것이 하나님 앞에 의로울 수 있었겠습니까?

하나님의 용서에 온전히 동참하지 못하는 이유는 무엇입니까? 마음에 자리하고 있는 사욕과 탐심 때문입니다. 그래서 외식이란 말이 등장하였던 것입니다. 외식이란 양의 탈을 쓴 늑대처럼 순결(거룩)을 가장한 사심과 탐욕일 뿐입니다.

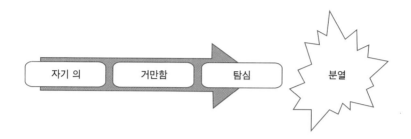

자기 의 → 거만함 → 탐심 → 분열

사도행전은 이와 관련해 중요한 것을 기록합니다. 하나님의 가정 식구라 할 초대 교회에서 가장 큰 위기는 무엇이었습니까? 교회 내부의 가장 큰 위기는 지도자 행세하는 이들의 탐욕에 있었습니다. 행 5장에서 아나니아와 삽비라를 속히 거두어 가시는 하나님의 모습에서, 또한 매일 구제의 문제로 인한 갈등 시(행 6장) 매우 중대한 결단을 하고 있는 제자단의 모습에서, 우리는 '청결한 마음'의 확보가 얼마나 중요한 일인지를 확인하게 됩니다.

예수님이 수세(受洗) 이후 성령에 이끌려 광야로 가셔야 했던 중요한 이유를 발견하게 됩니다. 하나님의 나라와 그 의를 구하는 이들의 제 일되는 자격 조건은 청결한 마음에 있음을 깨닫게 됩니다. 순수한 동기와 열정에서 하나님의 의를 구하는 자만이 그 나라와 공동체를 평화로 지켜낼 수 있기 때문입니다. 그렇기에 예수님은 그 동기에 있어서의 '순수성'을 시험받으셔야 했습니다. 40일 금식 기도가 중요한 것이 아니라 하나님의 일을 한다고 나선 그 동기의 순수성이 중요한 것입니다. 마귀의 시험을 이길 수 있었던 것은 그 마음이 사욕 없이 순수하셨기 때문입니다.

하나님은 예수님의 순수한 열정을 검증하신 연후에 본격적인 사역의 장으로 이끄셨습니다. '시험 받으신 사건'이 가지는 중요성은 바로 여기에 있습니다.

하나님은 만홀히 여김을 받으시는 분이 아니시기에 음흉한 마음에서 따르는 이들을 가까이 하거나, 더욱이 지도자로 세우지는 아니할 것입니다. 예수님의 공생애 기간, 제자들이 종내 버리지 못했던 것 또한 이 탐심(사심)이었습니다(마 19장). 아나니아와 삽비라가 진정 탐했던 것은 지도자의 자리가 아니었던가요? 구약의 아브라함을 시험하시는(창 22:12) 하나님의 모습 또한 사심 없는 하나님의 사람들을 세우시려는 하나님의 검증 절차로 이해됩니다.

하지만 오늘날 교회의 풍토는 어떠합니까? 교회의 지도자들은 어떠합니까? 그 답에 따라서 한국의 개신교가 이방 종교(또는 우상숭배)와 매한가지냐 아니냐가 결정될 것입니다. 그만큼 사심의 문제는 중차대한 문제입니다. 그래서 하나님도 적극 검증하는 것이며 예수님마저도 그 검증 절차를 피해갈 수 없었던 것입니다.

마음에 찾아드는 사욕을 물리치기 위하여 무엇을 해야 할까요? 먼저 언약에 눈을 떠야하고 그 관계에 헌신해야 합니다. 하나님의 신실하신 돌봄에 삶의 필요를 맡길 때, 비로소 필요에 매여 염려하던 삶에 종지부를 찍을 수 있게 됩니다. 그래서 하나님의 아버지 되심을 믿는 이들에게는 해방과 자유가 따릅니다. 이 자유를 죄의 종으로 다시 드릴 것이 아니라 하나님의 말씀에 순종하여 의에게 드리기를 힘써야 합니다(참조 롬 6:18).

6장 마음의 갱신 2

 전 장(마음의 갱신 1)의 요지는 '탐욕으로부터 마음을 지켜야 의를 구하는 삶이 가능하다'였습니다. 이 장은 '마음에 자기 의(정죄 성향을 낳음)가 극복되어야 비로소 하나님의 성품을 드러낼 수 있다'는 말씀입니다. 즉, 두 단락을 통한 예수님의 메시지는 다음과 같습니다. "의의 실천자가 되기 위하여는 탐심과 자기 의가 극복되어야 한다."

 단락의 구조를 살피면, 1~6절까지가 "비판적 성향으로부터 마음을 지키라"는 선언적 명령이 됩니다.

 7~12절까지는 비판하는 마음을 극복할 실질적 대안으로서, 죄성을 깨닫도록 하나님의 성품에 부합된 참 율법의 정신을 전합니다.

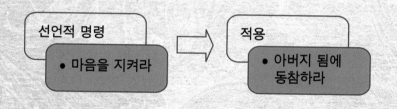

 언약은 하나님과의 관계를 형성하여 그분과 함께 할 장(場)을 마련하여 줍니다. 언약이 토대가 된 이 장(場)을 통하여 땅의 사람들은 그

분을 만나며, 그분과 함께 행하며, 그분의 뜻을 따르고, 그분을 닮아 갑니다. 이렇게 하여 언약적 삶의 목표인 거룩에 도달해 갑니다.

어쩌면 우리는 하나님 닮음의 영성을 위하여 수행(修行)하는 사람들이 되어야 하는지도 모르겠습니다. 개신교에서 '수행'이라는 말은 생소하게 들리겠지만, 영성의 목표를 이루기 위해서는 모두가 수행자가 되어야 한다는 것만은 분명해 보입니다.

오직 사랑 안에서 참된 것을 하여 범사에 그에게까지 자랄지라 그는 머리니 곧 그리스도라(엡 4:15).

변화의 과정은 때로는 더디고 오랜 시일이 걸립니다. 거스르고 어그러진 것[43]을 곧게 펼쳐서 '봉사의 일을 하게 하며 그리스도의 몸을 세우려' 함에는 결코 자동으로 되지 않습니다. 한 사람의 인격적 변화는 항상 인내의 과정이 수반되는 오랜 시일의 일이 됩니다.

무법한 자들의 음란한 행실로 말미암아 고통당하는 의로운 롯을 건지셨으니, 이는 이 의인이 그들 중에 거하여 날마다 저 불법한 행실을 보고 들음으로 그 의로운 심령이 상함이라(벧후 2:7~8)

오늘날은 얼마나 더합니까? 악하고 음란한 환경이 소돔과 같지 않습니까? 이것이 수행의 필요성인 것 같습니다. 보고 듣는 불법한 일들

---

43 이는 너희가 흠이 없고 순전하여 어그러지고 거스르는 세대가운데서 하나님의 흠 없는 자녀로 세상에서 그들 가운데 빛들로 나타내며(빌 2:15).

로부터 우리의 내면으로 잠시 우리의 시선을 돌려야 합니다. 우리 영의 깊은 탄식을 들어야 합니다. 스스로를 그토록 학대하며 파괴하려는 이 모든 허무와 썩어짐에 대해 깊이 인식할 수 있어야 합니다. 그리고 그 지점 어딘가에서 들어야 합니다. 성령님이 탄식하는 소리를!

영이신 하나님과의 만남과 사귐은 영성의 근간을 이룹니다. 사도 요한은 그의 서신에서 하나님과 함께 한 사귐에 대하여 말합니다(요일 1:3). 그 사귐을 통하여 형제 사랑에 대한 남다른 이해가 그의 심령에 불붙고 있음을 알게 됩니다(3:10). 특별히 그가 전한 형제 사랑에 대한 진리의 한 자락은 '죄를 범한 형제'일지라도 사랑의 끈을 놓지 않아야 한다는 데 있습니다(5:16). 이는 예수 그리스도의 십자가를 좇음이요, 온전하신 하나님을 닮는 일이라 하겠습니다.

이것이 영성입니다. 하나님을 만나 그분과 함께 한 사귐은 영성의 향기가 깊이 묻어나도록 합니다. 이제 영성의 진한 향을 맡아 볼 수 있는 하나님과의 위대한 만남의 장으로 나아갈 것입니다.

모세의 하나님 체험

모세가 만난 하나님은 떨기나무 불꽃 가운데서 나타나신 하나님이셨습니다. 나이 80세가 된 목자 모세, 베두인의 일원으로 양을 이끌고 호렙산에 당도한 어느 날, 평생 잊지 못할 감격스러운, 그러나 부담스러운 하나님과의 대면을 갖게 됩니다.

여호와께서 그가 보려고 돌이켜 오는 것을 보신지라 하나님이 떨기나무 가운데서 그를 불러 이르시되 모세야 모세야 하시매 그가 이르되 내가 여기 있나이다 하나님이 이르시되 이리로 가까이 오지 말라 네가 선 곳은 거룩한 땅이니 네 발에서 신을 벗으

라 여호와께서 이르시되 내가 애굽에 있는 내 백성의 고통을 분명히 보고 그들이 그들의 감독자로 말미암아 부르짖음을 듣고 그 근심을 알고 내가 내려가서 그들을 애굽인의 손에서 건져내고 그들을 그 땅에서 인도하여 아름답고 광대한 땅, 젖과 꿀이 흐르는 땅 곧 가나안 족속, 헷 족속, 아모리 족속, 브리스 족속, 히위 족속, 여부스 족속의 지방에 데려가려 하노라(출 3:4~8).

모세는 하나님과의 대면을 통하여 그 백성을 향한 하나님의 마음이 무엇인지를 정확히 읽어냅니다. 종종 체험은 그 자체보다 해석 여하에 따라 그 영성의 색깔을 상당할 정도로 달리하는 것처럼 보입니다. 동일한 체험이라 할지라도 그 영성의 색깔은 다양하기 때문입니다. 중요한 것은 체험케 하신 분의 의도를 정확히 짚어냈는가 하는 점인데, 모세는 그런 의미에서 정확했습니다.

이 사람 모세는 온유함이 지면의 모든 사람보다 승하더라(민 12:3).

하나님과의 특권적 지위를 누렸던 모세였지만 그에 대한 하나님의 평가는 '온유함'입니다. 하지만 일명 카리스마형 목회자들은 어떠합니까? 하나님을 독점한 것 같은 착각 속에서 얼마나 건방집니까! 하지만 모세는 심지어 자신을 비방하는 이들에 대해서도 성을 내거나 저주하지 않았습니다. 오히려 비방하던 자들의 요구를 들어 다만 하나님께 간청하지 않았던가요? 모세는 그런 사람이었습니다. 모세는 그 백성에 대한 하나님의 마음이 무엇인지를 알았습니다. 하나님이 마련하신 무대에서 주인공은 백성이요 자신은 하나님을 대변할 잠시의 엑스트라일 뿐임을!

40여년 광야 여정 중에 불평을 달고 산 이스라엘 백성들을 하나님 앞에 온유함으로 중재한 모세, 그는 백성의 참된 목자로서 오는 세대에 참된 사표가 될 만합니다.

출애굽 백성의 하나님 체험

모세 개인의 체험은 이제 백성 모두의 체험이 됩니다. 시내산에 강림하신 하나님의 임재와 직접적인 그분의 음성을 그들이 보았고 들었기 때문입니다. 출애굽 백성들이 원해서 체험된 것이 아니고 저들에게 소원을 두신 하나님으로 말미암은 체험이었습니다.

우뢰와 번개, 빽빽한 구름 그리고 우렁찬 나팔소리를 보고 듣습니다. 신적인 광경이었습니다. 마침내 여호와께서 불 가운데 임재하시고 시내산을 뒤덮은 연기는 마치 옹기가마 연기처럼 떠오릅니다. 온 산은 크게 진동하였고 나팔소리는 점점 커져 갑니다.

모세가 말한 즉 하나님이 음성으로 대답하시더라(출 19:19).

그리고 이어 들리는 '열 가지 말씀'들! 이것이 시내산에서의 하나님 체험이었습니다. 출애굽 백성들은 체험 내내 떨며 두려워합니다(19:16, 20:18). 그들의 마음에 거룩하신 하나님의 이미지가 각인된 것입니다. 죄가 깨달아졌습니다. 하지만 거기까지였습니다. 하나님 체험은 영성으로 발전되지 못하였습니다.

네 하나님 여호와께서 너희 가운데 네 형제 중에서 너를 위하여 나와 같은 선지자 하나를 일으키시리니 너희는 그의 말을 들을지니라 이것이 곧 네가 총회의 날에 호렙산에서 네 하나님 여호와께 구한 것이라 곧 네가 말하기를 내가 다시는 내 하나님 여호와의 음성을 듣지 않게 하소서 두렵건대 내가 죽을까 하나이다 하매 여호와께서 내게 이르시되 그들의 말이 옳도다 내가 그들의 형제 중에서 너와 같은 선지자 하나를 그들을 위하여 일으키고 내 말을 그 입에 두리니 내가 그에게 명령하는 것을 그가 무리에게 다 말하리라 누구든지 내 이름으로 전하는 내 말을 듣지 아니하는 자는 내게 벌을 받을 것이요(신 18:15~19).

내가 오늘 네 행복을 위하여 네게 명하는 여호와의 명령과 규례를 지킬 것이 아니냐 하늘과 모든 하늘의 하늘과 땅과 그 위의 만물은 본래 네 하나님 여호와께 속한 것이로되 여호와께서 오직 네 조상들을 기뻐하시고 그들을 사랑하사 그들의 후손인 너희를 만민 중에서 택하셨음이 오늘과 같으니라 그러므로 너희는 마음에 할례를 행하고 다시는 목을 곧게 하지 말라(신 10:13~16).

네 하나님 여호와께서 네 마음과 네 자손의 마음에 할례를 베푸사 너로 마음을 다하며 뜻을 다하여 네 하나님 여호와를 사랑하게 하사 너로 생명을 얻게 하실 것이며 네 하나님 여호와께서 네 적군과 너를 미워하고 핍박하던 자에게 이 모든 저주를 내리게 하시리니 너는 돌아와 다시 여호와의 말씀을 청종하고 내가 오늘 네게 명령하는 그 모든 명령을 행할 것이라(신 30:6~8).

제자들의 하나님 체험

구약에 시내산에서의 체험이 있다면 신약에는 변화산에서의 놀라운 체험(마 17장)이 있습니다. 비록 예수님은 제자 중 세 명만을 데리고 산에 오르셨지만, 거기서 본 광경은 시내산에 버금가는 놀라운 것이었습니다. 예수님은 변형되셨고, 모세와 엘리야가 나타나 예수님과 더불어 대화를 나누고, 빛난 구름이 덮이며 소리가 나기를 "이는 내 사랑하는 아들이요 내 기뻐하는 자니 너희는 그의 말을 들으라"였습니다.

시내산에서의 체험으로 모세의 '중심성'이 부각되었다면, 변화산의 체험 또한 예수님의 '중심성'에 그 의의가 큽니다(벧후 1:16~18). 하지만 제자들에게 있어 본 체험은 체험일 뿐 영성으로까지 이어지지는 않았습니다. 그러나 후에 아마도 오순절 체험 이후 이들의 신학 형성에 좋은 밑거름이 되었을 것입니다. 모세와 엘리야[44]는 시내산 언약과 관련된 핵심 인물이었기 때문입니다(벧후 1:16~18). 변화산 체험은 그러한 의의만으로 만족해야 될 것 같습니다.

오순절 하나님 체험

제자들을 포함 120문도가 한 자리에 있어 오순절 성령 체험에 이릅니다. 이 체험으로 예수 그리스도의 교회가 출발되며 참된 영성에 이르는, 어떤 의미에서는 시내산 체험을 보완, 발전하는 '온전한 체험'[45]

---

44 엘리야는 이스라엘을 언약관계 안에서 하나님께 기소한다. 그것이 야고보서에도 기록되었듯, 삼년 반 동안 비가 내리지 않은 이유다(왕하 17:1). 왕하 17장 바로 윗 단락을 보면 아합 왕이 바알의 신전과 바알의 제단을 쌓았으며, 아세라 상을 세워 언약을 파기했기 때문이다. 18장에서 엘리야는 온 백성들을 갈멜산으로 이끌어 하나님과의 언약을 새롭게 하려고(회복) 바알과 아세라 선지자 850명과 대결한다.

45 그러나 완전한 그리고 종결로서의 체험은 아니다. 왜냐하면 오순절 이후에 하나님은 베드로의 인식을 변화시키고자 다양한 방식으로 만나주셔야 했기 때문이다(행 10장 참조).

이 됩니다.

시내산에서 하나님의 임재는 한 장소에 국한되었습니다. 하지만 오순절 성령의 임재는 장소보다는 믿음의 사람들이 중요하며[46], 언약에 참여한 각 사람 모두를 대상으로 합니다. 시내산에서는 하나님으로부터 '엄위로운 열 가지 말씀'을 들었습니다. 하지만 오순절 성령의 임재는 각 사람을 말의 행위자(주체)로 참여(참조 행 2:11)시킵니다. 시내산의 언약 백성들은 두려움에 떨었지만, 오순절 새 언약의 백성들은 기쁨과 은혜와 감동 그 자체였습니다.[47]

참여한 120문도는 즉시로 오순절 성령 강림의 신학적 의의를 깨닫게 됩니다. 베드로의 설교를 보면 알 수 있습니다.

하나님이 오른손으로 예수를 높이시매 그가 약속하신 성령을 아버지께 받아서 너희가 보고 듣는 이것을 부어주셨느니라(행 2:33).

예수 십자가의 최종 목표가 무엇인지를 알게 된 것입니다. 그것은 '성령 강림'이었습니다. 시내산 언약 하에 하나님의 신은 모략과 지혜의 신으로 성전 은밀한 곳, 지성소에 통치의 자리를 마련했지만, 새 언약 하에서는 각 사람들을 성전으로 삼고 거하시게 됩니다. 이제는 직접 각 사람과 관계하여 만남과 사귐 그리고 인도와 보호의 통치의 장으로 이끌게 됩니다. 이것이 새 언약이었습니다!

---

46 8장의 사마리아, 10장의 고넬료 가정, 19장에서의 성령세례를 고려.
47 행 2:38 '…성령을 선물로 받으리니'에서 선물로 표현한다. 이는 그만큼 좋았던 지극한 기쁨의 체험이었음을 알게 해준다.

언약으로의 삶을 누구도 핑계 댈 수 없는 방식으로, 언약을 누구도 변개할 수 없는 방식으로, 언약관계를 누구도 정죄할 수 없는 방식으로, 온전히 완벽하게 예수의 십자가와 부활은 언약을 확립했습니다(행 2:39~40, 3:19).

오순절 체험이 중요한 것은 신학적 의의를 깨달을 뿐만 아니라, 영성으로까지 자리한다는 데 있습니다. 그날 즉시로 신도의 수가 3천이나 더하게 되어 대형 교회다운 면모를 갖추게 됩니다. 뒤이어 진행된 교회의 일들은 제자들이 얼마나 성숙했던가를 증명합니다.

사도행전에 비쳐진 제자들(120문도를 포함)의 영성을 설명하면 다음과 같습니다.

① 교회는 하나님의 것입니다.

믿음에 동참한 모든 이들과 언약을 체결하신 분은 하나님입니다. 언약으로 부르셨고 이끄셔서 체결케 하셨습니다. 그리고 언약관계에 신실하신 아버지로 계속 그 백성과 교제합니다. 교회는 인간의 모임을 넘어 하늘 시민들로, 하나님의 가정 식구(권속)로 세상에 거하게 됩니다. 누구도 하나님과 함께한 사랑의 관계로부터 이들을 끌어내릴 수 없습니다.

그렇기에 누구도 잃어버릴 수 없고 실족시킬 수 없습니다. 스데반의 순교 시 예수님의 안타까운 모습을 보십시오! 야고보가 헤롯에 의해 죽임을 당하지만 그렇다고 하여 하나님의 통제를 벗어나 된 일은 아니었습니다.

하나님은 교회를 위해 베드로를 감옥에서 건져내 올렸습니다. 바울의 선교 현장에 함께 하셨고, 전파된 복음이 예루살렘 공의회로부터 인정받도록 모든 상황을 주관하셨습니다. 교회는 하나님의 소유입니다. 하나님은 교회를 반드시 돌봅니다. 북한의 성도들에게 은총이 있기를!

② 교회는 예수 그리스도의 것입니다.

주와 그리스도에 대한 '믿음' 위에 '내 교회'를 세우라고 말씀하셨습니다. 예수님은 그럴 자격이 있지 않은가요? 자신의 교회를 위해 죄 없는 자가 사형 받을 끔찍한 죄인이 되어 형벌을 받지 않았습니까? 그렇게 살려낸 자들의 주가 됨은 얼마나 합당한 것입니까!

모세는 '나와 같은 선지자'를 하나님께서 세울 것인데 그의 말을 들어야 한다고 했습니다. 그렇습니다. 교회는 실로 예수 그리스도의 말씀을 들어야 하며, 따라야 합니다.

제자들은 가는 곳마다 무엇을 했습니까? 예수님이 전한 모든 말씀을 가르치며 행했습니다. 그것이 초대 교회의 아름다운 정경이었습니다. "그들이 사도의 가르침을 받아…"(행 2:42). 그러므로 '말씀과 기도하는 일'로 자신의 업을 삼아야 했습니다. 예수의 몸 된 교회가 거짓에 유린되는 것에 분노했으며, 생명의 위협마저 두려워하지 않고 복음을 전하였습니다.

③ 교회는 성령님의 것입니다.

예수께서 세례를 받을 때 요한에게 "우리가 이와 같이 하여 모든 의를 이루는 것이 합당하니라"(마 3:15)고 하셨습니다. 이제 승천하신 예수로부터 남은 모든 '의'를 이루기 위해 성령님이 지상 교회로 보냄을 받습니다(요 16:7). 이는 다스림과 통치를 위해서입니다.

지상 교회는 성령의 인도를 받습니다. 성령의 인도와 보호를 외면하고 거절하는 이들은 결코 언약 안에 머물 수 없습니다(롬 8:14). 제자들을 보십시오. 성령의 나타남을 사모하여 열정적인 기도를 드립니다(행 4:29~31). 성령께 민감했고 그 인도에 순종하였습니다. 성령을 자신들의 권위와 이익의 재료로 삼으려 하지 않았고 도리어 그러한 시도에 대하여 불처럼 분노했습니다(행 8:20). 성령의 인도하심 속에서 그들의 길을 찾기도 했습니다. 말씀에 대한 견해와 이해가 서로 엇갈린다 해도 성령의 역사하심을 인정하여 스스로를 가르쳤으며 풍성한 이해에 도달할 수 있었습니다. 제자들은 참으로 성숙했습니다.

이와 같은 삼위 하나님에 대한 깨달음이 있었기에 남다른 영성의 삶이 가능했습니다. 성전 된 이들의 필요를 돌보는 일을 외면하지 않았습니다(행 2:45). 그들을 돌보는 일에 목숨을 구걸치 않았습니다(행 4:19). 자신들의 권리를 포기했으며 성령의 인도를 따라 위임했습니다(행 6:3~4).

바울의 하나님 체험

아직 복음을 모른 채 옛 언약 하에 살고 있던 야심만만한 청년 사울은 예리한 지성과 로마 시민이라는 지위를 이용해 자신만이 할 수 있는 일을 발견합니다. 무지한 백성들과 심지어 제사장 무리들까지(행 6:7) 예수 이단에 넘어가는 상황에서 사울은 '소명과 사명감'으로 몹시 흥분하게 됩니다.

스데반 사건은 결정적으로 그를 예루살렘 지도자들에 알리는 계기가 되었고, 마침내 생사여탈권을 얻어 장도에 오르게 됩니다. 예루살렘 공의회의 엉거주춤한 자세(행 5:33~40)와는 달리 그는 전광석화처럼 움직이고 있었습니다. 그만큼 지성과 통찰에 있어서 탁월하게 준비된 그였습니다. 그러나 누가 알았겠습니까? 그의 뛰어난 학자적 준비와 신분적 지위는 도리어 교회를 위한 것이었음을!

다메섹 도상에서의 하나님 체험은 한 사람의 인생, 그 모든 것을 바꿔놓게 됩니다.

사울아 사울아, 네가 어찌하여 나를 박해하느냐(행 9:4).

사울은 새로운 인식의 전환을 맞이합니다. 정통 유대신학의 해체를 경험합니다. 그 위에 예수를 '주'로 하여 다시금 신학화 작업을 수행하게 됩니다. 이것이 안디옥교회에 청빙 받아 오기까지(11:25~26) 고향 길리기아 다소에서의 오랜 작업이었습니다.

다메섹 도상에서의 만남으로 깨닫게 된 강렬한 인식의 정체는 무엇이었을까요? 그것은 그가 잡아들이던 무지하고 유약했던 이들이 실상은 주의 백성이었음을 깨닫게 된 것입니다. 주의 말씀은 한걸음 더 나아가 그들과 자신을 동일시하지 않았던가요! 사울은 예수를 한 번도 대면해 보지 못했을 것입니다. 그럼에도 박해했다는 말을 들어야 했습니다.

율법의 흠으로 따지자면 그들은 무지랭이들이었습니다. 그러나 신적 인물에 의해 그들은 더 이상 율법에 의해 판단 받고 업신여겨질 존재가 아니게 되었습니다. 도리어 그들과 동일시하는, '주'라 부를 수밖에 없는 인물과 같이 여겨질 일이었습니다. 하나님의 백성 됨에 대하여, 그들의 존재가치에 대하여 더 이상 의심할 수 없게 되었습니다.

이제 사울은 외모가 아닌 존재의 깊은 심연을 향하여 개명하게 됩니다(9:18). 생명의 위대성을 인식하게 되었습니다. 이것이 바울 영성의 바탕이 됩니다. 사망 안에 거하여 저주스런 삶을 살던 인생들이 예수 그리스도의 구속으로 말미암아 다시 참 생명 안으로 들어와 하늘의 삶을 누립니다! 더 이상 죄와 사망 아래 거할 필요가 없게 되었습니다. 예수 그리스도의 십자가로 말미암는 '생명의 성령의 법', 복음이 해방하였기 때문입니다. 하나님은 자신의 생명 '숨'을 불어넣어 살게 한 생명들을 결코 창세 이래 한 번도 포기해 본 적이 없으셨던 것입니다!

그러니 하나님이 살게 한 백성 하나를 탈락시키고 소외시키는 일이 얼마나 큰 죄일까를 생각해야 했습니다. 용서받을 수 없는 성령 훼방죄(마 12:31~32)는 성령 은사와 관련되지 않습니다. 하나님의 용서를 거부하고 막아서는 일입니다.

바울은 생명의 존귀성을 깨닫게 되면서 온 세상을 향한 복음에 빚진 자임을 자처하게 됩니다. 사도행전 17장에서 아덴에서의 유명한 설교를 접하게 됩니다. 신학자들은 그 설교에 대하여 실패라느니 하면서 논단하지만, 그 설교의 기조에 깔린 바울의 영성을 살피면 실로 위대한 복음 설교입니다. 유대인들은 그분의 말씀을 편협하게 적용해왔던 것이지만, 모든 생명의 주인 되신 하나님을 만난 이들마다 생명에의 모든 차별을 거부하게 될 것입니다. 그 설교에 나타난 바울의 영성을 통해 이를 확인할 수 있습니다.

온 인류의 한 근원이신 하나님!(17:25) 그래서 나라마다, 민족마다 경계가 있지만 한 혈통에 속합니다(17:26). 사실상 인류는 그 경계로 인해 차별하고 착취해 온 것이지만, 하나님을 찾는 일에 열심을 내어 서로서로를 보충하라는 위대한 속뜻이 있을 뿐입니다(17:27).

온 인류에 대한 영적 각성자의 심원한 이해를 봅니다. 이것이 우리가 계시된 하나님의 말씀에 착념하면서도 또한 하나님 체험을 추구해야 되는 이유가 아닐까 합니다. 하나님 체험은 우리의 틀지어진 인식을 깨고 넓게 하여 줍니다.

오늘날 전 세계는 서로를 경계 짓기에 몸살을 앓습니다. 반목과 질시로, 미움과 냉대로, 부와 힘으로, 인종과 종족으로 경계의 벽은 높아만 갑니다. 글로벌시대라지만 정치꾼의 선동에 의해, 돈에 의해 경계는 무수한 살상으로 번질 위기에 봉착하였습니다. 특히 종교간 대립과 반목은 지금도 충돌하는 이슈여서 곳곳에 테러와 무자비한 살상이 진행됩니다.

복음마저 종교의 울타리 안에 갇혀 그 세력으로 권력을 넓혀가려는 종교화의 길을 걷는 것 같습니다. 세상 평화의 기쁜 소식은 힘과 전쟁으로 불가능합니다. 만약 가능했다면 예수 그리스도께서 그리하셨을 것입니다. 교회는 용서의 십자가 길 위에 서야지 여타 종교의 길로 나아가서는 안 됩니다. 사도 바울의 복음 전파는 십자가의 길이었습니다.

이제 신비 체험에 대한 항목을 닫아야 할 것 같습니다. 기독교인의 삶과 관련해서 하나님 체험은 중요한 것이기에 잠시 나눴습니다. 체험

없는 인간 이성에 의한 추리란 그 시대적 한계와 틀을 벗어날 수 없습니다. 아마도 체험이 가지는 주요 공헌이 있다면 그것이 원대하신 하나님 앞으로 우리를 이끈다는 점일 것입니다.[48]

---

48 체험이 가지는 중요한 공헌 중 하나는 그것이 우리의 인식을 새롭게 하며 확장시킨다는 점이다. 행 10장에서 베드로는 환상과 성령의 음성을 통하여 인식의 새로움을 경험한다.

6-1 중심잡기

악한 구조와 환경 속에서 믿음을 지켜내기 위해서는 마음의 평정심을 항상 견지할 수 있어야 합니다. 그런 의미에서 마음의 '중심잡기'[49]는 대단히 중요한데, 특별히 본문에서는 자칫 예민하여지기 쉬운 관계 속에서 중심을 다잡고 있어야 할 것을 말씀합니다.

① 1~2절

1절 비판을 받지 아니하려거든 비판하지 말라
2절 너희가 비판하는 그 비판으로 너희가 비판을 받을 것이요 너희가
  헤아리는 그 헤아림으로 너희가 헤아림을 받을 것이니라

산상 설교에 대한 많은 주해서들이 서점에 즐비하지만, 모든 주해서에서 공통으로 볼 수 있는 것은 1절이 왜 등장하는지 모른다는 점

---

49 이에 대하여는 오늘날 향심 기도, 센터링 등 다양한 용어로 소개된다.

입니다. 대부분은 이 "비판하지 말라"는 말씀에 당혹스러워합니다.

1절에 "비판하지 말라"는 말씀이 나온 이유는 그것이 '자기 의'의 대표적인 행동 패턴이기 때문입니다. 자신이 잘났고, 자신이 바르고, 자신이 옳다면, 그의 시선은 필경 주위 사람들에게 향할 것이고, 그에 따라 그의 손가락 또한 지적하듯 '손가락질' 하게 될 것입니다. 그러나 완벽한 사람이 어디 있겠습니까? 스스로가 의롭다 착각할 뿐이어서 타인을 향한 비판은 필시 자신에게로 돌아오는 법입니다.

여기서 '비판'이란 말은 오늘날의 비평으로 이해될 수 없습니다. 그것은 업신여김과 정죄하는 것으로 이스라엘 사회에서는 '죄 있음'을 가리킵니다. 죄로 판명되면 용서 받기를 기대하는 것이 인지상정입니다. 하지만 이스라엘에서는 용서 없는 한평생이 강요되었습니다. 그러니 비판이란 용서의 반대편에 있는 용어가 됩니다. 결격사유가 있을 때 힘 있는 자는 그렇지 못한 자를 어떻게 대합니까? 무지막지하게 짓밟아 버린다. 그처럼 '비판'이란 상대방을 실족시킬 수 있는 심대한 일을 가리킵니다.

성경을 읽어본 독자라면 비판의 문제가 1세기 교회의 심각한 문제였음을 알 수 있습니다. 고린도교회가, 그리고 야고보의 교회가 심각한 내홍을 겪어야 했음을 우리는 잘 알고 있습니다. 특별히 로마서가 복음에 대한 상세한 진술을 담게 된 연유 또한 이와 같은 비판의 문제였습니다(롬 2:1, 14:10, 13).

아마도 오늘날의 교회 또한 이 문제로부터 결코 자유롭지 못할 것입니다. 목사와 장로의 대립과 갈등은 벌써 오랜 농담(?)에 속하지 않습니까? 그러므로 산상 설교의 메시지가 오늘날 더욱 절실한 것은 예수님의 진단이 매우 적실성이 있기 때문입니다.

비판의 특효약은 자기 의를 파쇄할 수 있는 하나님의 의를 설교하는 일입니다. 의를 잃어버린 교회는 자기 의가 우후죽순 경쟁하듯 자라나 여러 모양으로 서로에게 상처를 줍니다.

② 3~5절

3절 어찌하여 형제의 눈 속에 있는 티는 보고 네 눈 속에 있는 들보는 깨닫지 못하느냐

4절 보라 네 눈 속에 들보가 있는데 어찌하여 형제에게 말하기를 나로 네 눈 속에 있는 티를 빼게 하라 하겠느냐

5절 외식하는 자여 먼저 네 눈 속에서 들보를 빼어라 그 후에야 밝히 보고 형제의 눈 속에서 티를 빼리라

하나님의 나라를 향한 열정이 먼저 외부로 향해서는 안 될 것을 지시 받습니다. 자신 안에 '들보'가 있음을 생각지 않는 이들은 그 표정을 딱딱하게 하며 이렇게 저렇게 불평만 쏟아놓을 뿐입니다. 그러나 그들에게서는 들을 것이 없습니다. 들을수록 상처만 깊어지기 마련입니다.

자신을 먼저 헤아릴 수 있게 되면 우리는 비로소 하나님의 의를 실천할 수 있게 됩니다. 하나님 앞에 겸비하여지고 온유함으로 사람들과 관계하게 될 것입니다. 표정은 따뜻하고 그의 말에는 위로와 격려가 담기게 됩니다. 그러므로 말을 내기에 앞서 자신을 가르쳐야 하며,

남을 가르치기에 앞서 자신을 가르쳐야 합니다. 6절이 지시하는 것이 바로 이것입니다.

③ 6절

6절 거룩한 것을 개에게 주지 말며 너희 진주를 돼지 앞에 던지지 말라 그들이 그것을 발로 밟고 돌이켜 너희를 찢어 상하게 할까 염려하라

섣불리 남을 가르치려는 시도는 아무 유익도 얻지 못하고 도리어 갈등만 야기할 뿐입니다. 예수를 만나게 되면서 제자들은 그 사회의 스승들을 뛰어넘을 '보석'(의)을 얻게 되었습니다. 요즘 말로 '봉' 잡았습니다. 산상 설교에 흥분한 무리들이 바로 서기관들을 연상하였던 데서(7:29) 알 수 있듯이, 제자들 또한 지적인 감흥에 취해 서기관들과 논쟁을 하고픈 마음이 뜨거웠을 것입니다. '저들의 잘못을 단박에 교정해 줘야지, 그리고 이 나라의 기틀을 바로 세워야지!'

하지만 이것은 순진한 생각일 뿐입니다. 예수님은 분명 제자들이 저들에게서 "악한 말을 들을 것이며 핍박을 받게 될 것이라"고 말씀하셨습니다. 세례 요한의 회개를 거부한 이들이었습니다. 그러므로 우리의 모든 역량은 남을 변화시키는데 집중할 것이 아니라, 먼저 자신을 가르쳐 그 행실을 바로 하는데 초점을 맞춰야 합니다. 자석에 쇳가루가 묻어나듯, 하나님을 사랑하는 이들이 제자들 주변에 모여들게 될 것입니다. 바로 이렇게 하여 가르침의 영향력을 확대해 가야 합니다.

오늘날 강단은 화려한데 정작 설교자들의 삶을 들여다보면 너무나

동떨어진 것이어서 도리어 '안티'가 되어가는 많은 이들을 보게 됩니다. 멀리도 아닙니다. 다른 누구의 얘기가 아닌 바로 '사모님'이 그런 말을 한다는 것입니다. 강단에서만 천사라고! 물론 설교자의 아픔입니다. 한평생 말씀 속에 살아도 변화되지 않는 인격에 누구보다 고통을 받는 이는 설교자 자신이겠으니 말입니다. 그러나 그것마저도 인지하지 못한 채 강단을 점령한 설교자라면 그것은 정말 말이 안 되는 것입니다. 그런데 목회에 성공했다고 하는 설교자들 가운데는 종종 말도 안 되는 일이 벌어지기도 합니다.

먼저 자신을 살피는 일은 중요합니다. '의'의 실천 이전에 자신이 누구인지를 살펴 깨닫는 일은 대단히 중요합니다. 용서받은 의인! 이 위대한 선언은 단지 신학적 용어(칭의교리)만을 설명할 때 사용되도록 있는 것이 아닙니다. 바른 삶을 위하여 성도 한 사람, 한 사람이 깨어 인지해야 될 수행자의 화두와도 같은 것이 되어야 합니다. 우리가 이것을 늘 기억한다면 용서치 못할 것이 뭐가 있고, 관대하고 온유하지 못할 이유가 뭐가 있겠습니까!

6-2 아버지의 마음 품기

예수님은 본 단락에서 우리의 죄성을 깨우쳐주기 위하여, 그리하여 '자기 의'를 파쇄하기 위하여 하나님을 주목하도록 합니다. 거룩하신 하나님의 성품이 어떠한가를 알게 되면 우리 자신이 누구인지를 진단할 수 있기 때문입니다.

하나님의 대표적인 성품은 구하는 자에게 거절치 않으시고 주신다는 데 있습니다! 절대 거절하지 못하고 좋은 것으로 주시는 하나님의 성품에 대하여 5장 이후에 다시 듣게 됩니다.

7~8절 경험된 하나님의 성품 - 거절치 아니하심

9~10절 부모된 자의 마음

11절 하늘 아버지의 마음

12절 기록된 하나님의 성품 - 차별치 않고 대접하심

① 7~8절

7절 구하라 그리하면 너희에게 주실 것이요 찾으라 그리하면 찾아낼 것
이요 문을 두드리라 그리하면 너희에게 열릴 것이니

8절 구하는 이마다 받을 것이요 찾는 이는 찾아낼 것이요 두드리는 이에게는 열릴 것이니라

기도의 문제를 다루기 위해 등장한 구절이 아닙니다. 하나님의 성품에 대해 언급하기 위함입니다. 예수님은 마치 하나님을 시험해보라는 투로 말씀하십니다. "하나님을 경험해보라, 그리하여 하나님이 어떠한 분이신지를 알라!" 하나님을 경험해보고 하나님에 대해 인색하거나 무정한 분이라고 할 사람은 없습니다. 하나님은 거절치 아니하시는 좋으신 분, 바로 사랑이라고 고백할 것입니다.

② 9~11절

9절 너희 중에 누가 아들이 떡을 달라 하는데 돌을 주며
10절 생선을 달라 하는데 뱀을 줄 사람이 있겠느냐
11절 너희가 악한 자라도 좋은 것으로 자식에게 줄 줄 알거든 하물며 하늘에 계신 너희 아버지께서 구하는 자에게 좋은 것으로 주시지 않겠느냐

아버지 하나님의 마음을 생각하여 그 마음과 성품에 자신을 비추어 보라는 의미입니다. 왜 하나님께서는 거절치 아니하십니까? 왜 구하는 대로 얻을 수 있습니까? 그것은 하나님과 우리가 남이 아니기 때문입니다! 예수님은 부자관계의 유비를 통해 하나님은 우리에게 좋은 것을 주시는 자비하신 '아버지'가 되심을 주지시킵니다. 자만심과 업

신여김의 태도 뒤에 도사린 자기 의를 파쇄하기 위한 예수님의 대안은 이것이었습니다.

어떤 선을 행하기에 앞서 아버지의 마음을 먼저 헤아리고 품어야 합니다. 아버지의 마음은 절대 배 곯는 자녀에게 돌을 줄 수 없고 뱀을 줄 수 없습니다. 악하다 하여도 그가 아버지라면 자녀에게 좋은 것으로 주고자 할 것입니다. 이 마음은 육신의 아버지에게만 있는 것이 아니어서 하늘에 계신 우리 아버지의 마음 또한 동일합니다. 하늘 아버지의 마음을 품은 이마다 하루치의 양식이 없어서 배 곯는 이들을 내칠 수 없을 것입니다. 절대 죄 사함을 거부하여 막아서지 아니할 것입니다. 절대 업신여기거나 정죄하여 그 자녀 됨에서 탈락시키지 못할 것입니다.

③ 12절

12절 그러므로 무엇이든지 남에게 대접을 받고자 하는 대로 너희도 남을 대접하라 이것이 율법이요 선지자니라

경험된 하나님과 같이 '계시된'(기록된) 하나님의 뜻도 이와 같아서 서로에게 거절치 말라고 가르칩니다. 공동 번역서는 다음과 같이 번역합니다.

너희는 남에게서 바라는 대로 남에게 해 주어라. 이것이 율법과 예언서의 정신이다.

이 번역이 더 맘에 드는 것은 앞서 5장 21절 이하의 상황을 생각나 도록 하기 때문입니다. 우리는 너무나 이웃을 배려하지 않고 살기에 매정하고 무서운 폭력사회로 치닫고 있는 것은 아닌지요! '된장녀'에 서 '반말녀'까지, 서로를 무시하며 자기 본위로만 살아가는 행태에 그 저 씁쓸할 따름입니다.

12절은 앞서 '율법이나 선지자를 완전케 하려' 하신다는 서론에서 의 말씀을 생각나게 합니다.

율법이나 선지자나 폐하러 온 것이 아니고 완전케 하려 함이로라(5:17).

그러므로 무엇이든지 남에게 대접을 받고자 하는 대로 너희도 남을 대접하라 이것 이 율법이요 선지자니라(7:12).

서기관과 바리새인보다 '더 나은 의'의 실천이란 대접받고자 하는 대로 대접하는 일에 있음을 살피게 됩니다. 이는 실상 아버지의 마음 에 동참하여 서로에게 아버지가 되어주는 일입니다. 아버지가 되어주 지 못하는 의의 실천이란 한낱 무가치한 일이며 도리어 저주를 불러 들이는 일이 될 것입니다.

정리합니다. 본 단락은 기도에 대하여 교훈하는 대목이 아니었습니 다. 절대 본문은 기도에 대하여 교훈하고자 의도된 것이 아닙니다. 본 문은 우리의 죄성을 깨닫게 하고자 천부, 즉 우리 아버지가 누구신지 를 설명하는 단락입니다.

6-3 깨어있기

외식하는 자의 한 가지 큰 특징은 자신이 누구인지를 모른다는 것입니다. 우상숭배자이면서도 참 예배자라고 착각하고, 삶의 염려에 매인 노동을 하면서도 하나님을 위한 자기희생이라고 착각합니다. 이것만도 심각한 일인데 예수님은 한 가지를 더 말씀하셨습니다. 시시비비를 가려 교정하고 비판하는 것이 하나님 앞에서 앞선 자의 고귀한 책무라고 착각한다는 점입니다.

자신을 의롭다고 믿으면 자신과 달리 행동하는 사람들에 대하여 부정적으로 판단하기 쉽습니다. 자신이 기준이 되면 사람들을 판단하고 정죄하는 일을 그칠 수가 없습니다. 하나님 앞에 자신의 사명을 이 세계와 그 구성원의 변화(자기화)에 둔 다음에야 어찌 비판하는 일을 그칠 수 있겠습니까? 무시하고 경멸하며 굴종을 강요하게 될 뿐입니다! 그러므로 예수님 또한 제자들이 빠져들 함정에 대하여 미리 단속할 필요가 있었습니다.

자기의식이 깨어 있을 때 우리는 누구인가요? 평화의 존재요, 사랑의 존재입니다! 하나님의 사랑이 우리 마음에 성령으로 부어진 결과입니다. 하지만 스트레스 하에서는 어떠합니까? 생존본능에 따라 여러 수준에서 자기방어기제가 작동됩니다. 하나님의 사랑을 발견할 수 없고 상처를 주는 문제만이 전부인 양 긴장하게 됩니다. 우리는 더 이상 평화의 존재가 아니며 사랑의 존재가 아닙니다.

제자 됨을 위해서는 자기의식이 항상 깨어있어야 합니다. 죄의 각성은 산상 설교에서 말하는 바의 핵심을 구성합니다. 죄를 발견하면서도 거룩하신 하나님에 대하여 아버지라 부를 수 있는 것은 우리가 '용서받은 의인'이기에 가능합니다. 우리는 하나님의 용서를 통하여 평화를 발견한 자요, 사랑을 맛 본 자입니다.

우리의 자의식은 항상 죄를 각성하고 있어야 합니다. 우리의 의식이 죄를 깨닫는 동안에 우리는 평화의 존재요, 사랑의 존재가 됩니다. 이것은 역설처럼 들리겠지만, 하나님의 사랑으로 말미암는 위대한 역설입니다. 예수님의 핵심 메시지는 이렇게 구성되는 것입니다.

하나님 앞에서 믿음으로 반응해야 할 우리의 일은 이것입니다. 자기의식을 깨우는 것입니다. 심판을 위하여 오신 것이 아니라 생명을 구원하기 위하여 오셨다고 말씀하시는 분 앞에, 생명을 구원하기 위하여 광야에서 모세가 뱀을 든 것 같이 들려야 한다고 말씀하시는 분 앞에, 결국 죄 값으로 자신을 드려야 했던 예수 그리스도와 하나님 앞에, 믿음으로 반응해야 할 우리의 일은 부단히 자기의식을 깨우는 일입니다.

기독교는 항상 죄를 강조한다고 합니다. 죄의식을 심고자 한다는 것입니다. 심리학 서적의 대중화로 일반인들은 죄의식을 갖는 것이 좋지 않은 심리적 영향을 미친다고 생각합니다. 그래서 기독교에 대하여 혐오하거나 반지성적이라고 몰아붙이기까지 합니다. 하지만 이는 오해일 뿐입니다.

기독교가 인간의 죄성을 고발하고, 죄에 대하여 말하는 이유는 사람을 정죄하여 창조적이며 긍정적인 모든 가능성에 대하여 문을 닫고

자 함이 아닙니다. 다만 하나님 앞에 용서받을 수밖에 없는 존재임을 알리기 위함입니다. 그리하여 모든 죄인들에게 부어지는 하나님의 은총과 사랑이 얼마나 큰 것인가를 강조하고자 함에 있습니다.

7장 제자의 길

13~27절은 산상 설교의 마지막 결론을 구성합니다.

율법을 내신 분은 하나님이십니다. 하나님만이 그것을 바르게 해석하며 참되게 적용할 수 있습니다. 하지만 땅의 사람으로서 율법을 바르게 해석하고 적용할 수 있는 단 하나의 길이 있는데, 그것은 계시된 하나님의 성품과 일치하도록 해석하며 적용할 때 뿐입니다(참고 5:17 '…완전케 하려 함이라'는 말씀은 이것을 지시한다).

참다운 삶의 길로 주어진 율법은 절대 하나님의 성품과 대치할 수 없습니다. 예수님은 산상 설교를 통하여 하나님의 성품이라는 큰 울타리 안에서 율법이 어떻게 풀어져야 할지를 말씀하셨던 것이고, 이것은 바리새인과 서기관들의 의보다 '더 나은 의'의 길이 됩니다.

율법에 대한 잘못된 이해는 자기 의를 낳습니다. 하나님의 성품을 떠나 인간윤리의 차원에서 다루게 되면 필경 자기 의를 양산하게 될 뿐입니다. 그리하여 하나님이 원하시는 양상과는 사뭇 다른 방향으로 그 사회가 나아가게 됩니다.

탐심은 불신앙에 근거합니다. 좋으신 아버지에 대한 믿음이 없으면 재물에 매이고, 생활의 염려에 매일 수밖에 없습니다. 그리하여 인간의 모든 활동은 재물을 위하게 됩니다. 심지어 하나님 앞에서의 섬김이라 할지라도 그렇습니다. 이스라엘 사회가 진정한 평화에 이르지 못한 이유가 바로 이 두 가지에 있습니다.

교회는 달라야 하는 것이고, 예수님은 언약적 관계에의 헌신을 요구하셨습니다. '하나님은 우리의 아버지가 되신다!'

아버지의 성품을 본받는 자녀가 되고자 할 때는 그 심령에 더 이상 자기 의가 자리할 수 없게 됩니다. 아버지의 마음이 무엇인지를 깨닫는 자녀마다 탐욕을 따라갈 수 없게 됩니다.

이제 산상 설교의 끝 지점에 다다랐습니다. 서론부(5:17~20)에 잘 호응하는 결론부가 됩니다.

오랜 세월 교회를 다녔지만 항상 의문시 되던 메시지가 있었습니다. 예수님은 제자의 길이 핍박의 길이요, 좁은 길이라고 말씀하셨습니다. 그리하여 선교사들은 선교지의 열악한 환경에 대해, 부흥사들은 가정 내에서의 핍박에 대해, 역사에 조예가 깊은 설교자는 기독교 박해에 대해 열정적으로 설교하지만, 여전히 마음 한구석에 물음표가 남습니다.

교회의 복음은 과연 오늘날 서구화된 사회와 완전히 부합합니까? 더 이상은 핍박이 없고 좁은 길이 아니란 말입니까? 혹 우리가 듣고 있는 설교에 문제가 있는 것은 아닐까요? 우리의 복음 이해에 빠진 고리가 있는 것은 아닐까요? 이미 우리는 영육이원론의 폐해에 대해 알고 있지 않은가요!

고(故) 대천덕 신부는 미성숙한 신학에 대해 말씀하시면서 만약 19세기 후반, 사회적인 복음 진영과 성령충만한 복음 진영이 서로 협력하기만 했더라면 역사상 가장 위대한 선교운동뿐 아니라 공의에 대한 성경적인 제도가 이 지구를 휩쓸었을 것이라며 무척이나 답답해 하셨습니다.[50]

링컨이 노예 해방에 나서면서 그들에게 땅뙈기와 노새 한 마리를 주고자 했던 계획(결국 수포로 돌아갔지만)이 우리에게 시사하는 바는 무엇일까요? 혹자는 현재 유럽에서의 마르크스 르네상스를 전하며 정

---

50 대천덕, 『신학과 사회』, CUP, p.52

치적 자유는 프랑스 시민혁명 이후 실현되었지만 소유의 민주화가 요원한 가운데 자본론의 메시지는 오늘의 우리에게도 여전히 유효하다고 말합니다.[51]

이는 무슨 말을 하고자 하는 것입니까? 이 사회는 완전치 않다는 것입니다. 이 세계는 완전한 것이 오기까지 지속적으로 개혁되어야 한다는 것입니다.

하지만 교회는 사회의 제반 문제들에 대해 자유합니다. 매우 자유해 보입니다. 경제적 예속화의 바다 한가운데로 떠밀려 노예로 전락하는 인생들을 뒤로한 채, 교회는 정치적 자유 안에서 마냥 흡족해 합니다. 하지만 교회가 알아야 할 것은 이미 경제적 토대가 무너져 내린 이들에게 정치적 자유는 의미가 없다는 것입니다.

바로 그들로부터 교회는 파괴되어야 할 병폐로 인식될 것이며, 이미 그러한 인식은 확산일로에 있는 것이 사실입니다. 무섭지 않습니까? 이 무서운 일이 공산주의도 아닌 자유사회에서 진행되고 있다는 것입니다.

예수님은 대토지 소유 지주들이 활거하던 고향 나사렛 회당에서 희년을 선포하셨습니다.[52] 희년(禧年)이란 은혜의 해를 말합니다. 희년에는 다음 세 가지가 국가적으로 시행됩니다.

'종의 해방, 부채탕감, 토지반환.'[53]

---

51 강신준 동아대 경제학과 교수의 인터뷰 http://newslink.media.daum.net/news/20100902211512536
52 눅 4:16~21
53 이것은 주기도문의 땅(그의 의)청원 세 가지와 정확히 일치한다. 그러므로 예수님의 하나님나라의 이상은 정확히 희년이 선포되고 운용되는 나라임을 알게 된다.

당시 사회가 이와 같은 패키지 상품에 얼마나 큰 충격(?)을 받았을까를 생각해 보아야 합니다. 오늘날 어느 나라든지 땅의 7~80퍼센트를 상위 5퍼센트 계층이 독식하는 현실을 고려하면 그 파장과 충격이 얼마나 클지는 쉽사리 이해될 것입니다.

당시에도 부의 독점현상은 오늘날과 매한가지였습니다. 오죽하면 예수님께서 부자 청년에게 재산을 팔아 가난한 자들에게 나눠주라고 하셨겠습니까! 예수님의 희년 선포는 당시 부자들에게는 혁명가의 소리로 들렸을 것이 분명합니다. 희년을 선포한 예수님은 정치적 해방 이전에 경제적 해방을 더 중시했던 것을 오늘날의 교회가 똑똑히 직시할 수 있어야 합니다.

앞서 하나님의 비전이 요셉에게서, 그리고 모세를 통해 어떻게 이스라엘의 비전으로 자리하게 되었는지를 잠시 살폈습니다. 여러분은 요셉이 무슨 일을 했고, 모세는 무엇을 하고자 했는지를 기억합니까? 토지개혁이었습니다. 경제활동의 중심, 토지를 통하여 민생을 보호하고 그들의 인간다운 삶을 지켜내고자 했습니다.

요셉은 그의 역량을 경제에 집중했지 정치적 혁명에 나선 것이 아니었습니다. 모세 또한 그 백성들의 삶을 보호해주고자 나섰던 것이어서, 이제 살게 될 팔레스타인 땅은 경제 정의가 완벽히 실현되는 이방 세계의 찬란한 빛이 되어야 했습니다.

희년을 선포하신 예수님은 분명 요셉과 모세를 잇는 하나님의 비저너리입니다. 희년이란 경제 정의의 초석[54]이기 때문입니다. 그렇기에

---

54 땅으로 말미암는 불로소득이 얼마인가를 헤아려본다면 쉽게 이해될 듯.

인간 탐욕의 문제에 천착하셔서 이스라엘의 종교와 사회가 공히 불신앙에 근거함을 밝히셨던 것입니다.

하지만 오늘날 교회는 세계자본주의 체제와 이 나라의 경제 운용에 대해 맹신하는 것 같습니다. 선을 보장하고 하나님의 성품에 부합한 가장 이상적인 모델로 말입니다. 그래서 반공 이데올로기 선전에 목청을 높일 뿐 탐욕적 경제 운용에 대해서는 무탈하여 말할 게 전혀 없다는 식의 자세로 일관하고 있습니다.

이것은 교회의 설교가 예수님의 설교가 되지 못하고 서기관의 설교로 전락한 것을 여실히 보여주는 대목입니다.[55] 복음주의 진영은 경제의 문제를 외면하여 부자들에게 회개 없는 값싼 면죄부를 판매한 데서 미성숙함을 드러내었고, 복음의 전반적인 기능을 스스로가 무력화(無力化)시켰습니다. 그러므로 복음으로 말미암는 '은혜와 기쁨'은 사회에 폭발적으로 증대되지 못하고 개인 차원에서 잠시 타는 듯 사그라들고 마는 것이 되었습니다.

예수의 이름으로 오늘 우리 가운데 임재하는 하나님의 나라는 추상적 이데올로기가 아니어야 합니다. 하나님의 통치와 다스림이 관념적이거나 주관적일 수 없고 개인적 차원에 머물 일도 아니기 때문입니다. 분명한 실재요 실체로서 우리 삶에 작용하는 세력이고 힘이어야 합니다. 그 힘은 개인과 공동체의 행과 불행을 결정짓습니다.

로마서 1장에서 사도는 "하나님의 진노가 불의로 진리를 막는 사람들의 모든 경건하지 않음과 불의에 대하여 하늘로부터 나타나나니"

---

55 이는 그 가르치시는 것이 권위 있는 자와 같고 그들의 서기관들과 같지 아니함일러라(7:29).

(18절)라고 말하면서 마지막은 사형에 해당한다(32절)고 하였습니다. 현재도 다스리시는 그분으로 인해 진행되는 하나님의 심판이 있음을 기억해야 합니다. 복음의 삶은 하나님의 다스림 안에 거하는 삶이요, 그 삶은 예수님의 희년 선포에서와 같이 희년의 삶으로 나타나게 됩니다.

이것이 세속과 충돌하는 바요, 그래서 통치자들과 권세자들과 이 어둠의 세상 주관자들과 하늘에 있는 악의 영들을 상대한 씨름에 나서야 하는 것이요, 그래서 핍박과 좁은 길로 묘사되는 이유입니다.

7-1 네 가지 스냅사진

결론부는 독립된 하나의 글로서도 손색이 없습니다. 그만큼 구성이 치밀합니다. 선택의 문제(13~14절)에 이어 가르치는 자에 대한 분별을 요구합니다(15~20절). 분별하여 듣지 아니하면 열심을 내었으나 불법한 자가 될 수 있음을 또한 경계 받습니다(21~23절). 끝으로 선택에 따른 양상을 그림 언어로 묘사하여 듣는 이로 하여금 오래토록 기억케 합니다(24~27절).

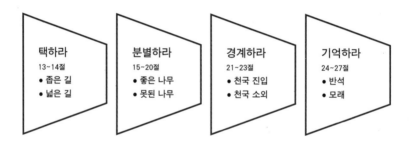

① 7:13~14 선택하라.

13절 좁은 문으로 들어가라 멸망으로 인도하는 문은 크고 그 길이 넓어
　　　그리로 들어가는 자가 많고
14절 생명으로 인도하는 문은 좁고 길이 협착하여 찾는 자가 적음이라

결론을 '길'(혹은 문)로 시작하는 것은 자연스러워 보입니다. 예수님

이 서론에서 율법을 완전케 하는 '더 나은 의의 길'(혹은 문)로 글의 제재를 삼으셨기 때문입니다. 그러므로 '생명으로 인도하는 좁은 문'은 '더 나은 의의 길'과 호응하게 됩니다.

제자들은 좁은 길을 선택해야 합니다. 그 길은 의의 길이어서 생명으로 인도하기 때문입니다. 반면에 바리새인과 서기관들이 안타까운 것은, 자신들은 의의 길이라고 하지만 그 길은 필경 멸망으로 인도하기 때문입니다.

제자들이 두 길 중 한 길을 선택해야 한다면 교회 또한 선택해야 합니다. 많은 사람이 선택의 기준이 되어서는 안 됩니다. 문이나 길의 크기가 되어서도 안 됩니다. 그것은 은유일 뿐입니다. 선택의 절대 기준은 '의'에 있습니다! 그것이 '하나님의 의'인가요, 아니면 '사람의 의'인가요? 그것을 물어 선택해야 합니다.

② 7:15~20 분별하라.

15절 거짓 선지자들을 삼가라 양의 옷을 입고 너희에게 나아오나 속에는 노략질하는 이리라

16절 그들의 열매로 그들을 알지니 가시나무에서 포도를, 또는 엉겅퀴에서 무화과를 따겠느냐

17절 이와 같이 좋은 나무마다 아름다운 열매를 맺고 못된 나무가 나쁜 열매를 맺나니

18절 좋은 나무가 나쁜 열매를 맺을 수 없고 못된 나무가 아름다운 열매를 맺을 수 없느니라

19절 아름다운 열매를 맺지 아니하는 나무마다 찍혀 불에 던져지느니라

20절 이러므로 그들의 열매로 그들을 알리라

바른 선택을 하려면 반드시 분별이 필요합니다. 5:19에 '…행하며 가르치는 자'라고 했는데 이와 관련 '거짓 선지자'가 등장합니다. 선지자의 직분이란 하늘을 대표하여 말씀을 전하며 '가르치는 직'이어서 세심한 분별이 필요합니다.

예수님은 거짓 선지자들을 '노략질하는 이리'로 단정짓습니다. 물론 비유적 표현이지만, 거짓 선지자들의 정체가 무엇인지를 확연하게 드러내시는 일에는 한 치의 주저함도 없습니다. 그만큼 '양'으로 표현된 이들은 조심해야 할 일입니다.

도둑이 오는 것은 도둑질하고 죽이고 멸망시키려는 것뿐이요…(요 10:10).

선지자 행세하던 서기관들을 악질 도둑으로 빗대셨습니다. 성전은 강도떼의 소굴에 지나지 않음을 말씀하셨습니다(마 21:13). 그렇기에 저들은 하나님의 통치 안에 합법적으로 거하고 있는 자들이 아닌 불법한 자들이었고(요 10:1), 하나님의 통치 안에서 맛보고 누려야 할 은혜와 기쁨을 신음과 통곡으로 대체한 원흉들로 지목됩니다(마 11:12). 하나님의 나라와 통치를 이토록 대적하고 왜곡시킨 저들은 '마귀의 자식'(요 8:44) 외에 달리 생각할 방도가 없어 보입니다. 그러므로 항상 살펴 분별해야 합니다. 양이 목자를 분별치 못하면 죽음과 같습니다.

어떻게 분별할 수 있습니까? 16절 상반절과 20절은 "그들의 열매로

그들을 알리라"고 기록됩니다. 예수님은 한 가지 분별(식별) 가능한 표지로서 '열매'를 제시합니다. 왜 그럴까요? 16(下)~19절까지에서 그 이유가 설명됩니다.

"가시나무에서 포도를 엉겅퀴에서 무화과를 따겠느냐"는 말씀은 '싹수가 노랗다! 집에서 새는 쪽박 나가서도 샌다!'는 식의 본성과 인격에 대한 정죄의 용도로 이해될 수 없습니다. 복음은 정죄가 아닌 용서가 핵심을 차지합니다. 용서 없는 하나님을 생각해 볼 수 없고, 용서하지 않는 참된 성도란 이미 어불성설에 지나지 않습니다. 예수의 복음은 용서에 기초하며 성도의 성숙함이란 용서하는 삶을 보아 알게 됩니다. 그러므로 위의 말씀은 열매에 의해 식별 가능함을 강조할 뿐입니다. 성경의 비유에 익숙해져야 합니다.

열매란 선지자들의 가르침을 가리킵니다. 넓은 의미에서 가르침이 체계화된 유대종교사회 전반을 은유할 뿐입니다. 보통 행위로 알려져 있으나 행위 이전의 가르침을 가리킵니다. 생각해보십시오. 합법적으로 노략질 하고, 인격적으로 신앙 리더의 역할을 하는 데 어찌 그 행위로 판단할 수 있겠습니까? 그러나 그가 가르치는 내용을 보면 그가 참인지 거짓인지 판별됩니다.

산상 설교는 이 지점까지 서기관과 예수님의 가르침을 비교하여 어느 것이 하나님의 의에 부합되는가를 살펴왔습니다. 그렇기에 아름다운 열매와 나쁜 열매란 그 교훈(가르침)을 가리켜 비유한 것입니다. 예수께서는 제자들에게 "바리새인과 사두개인의 누룩(교훈)을 주의하라"[56]고 몇 차례 당부하셔야 했습니다.

교훈과 가르침은 따르는 이들의 행실을 지배하기에 너무나 중요합니다. 사도들은 교회에서 가르치는 자들을 배나 더 존경할 자로 알아 그리하라고 권고했습니다. 그런 만큼 그 따르는 책임 또한 크다고 일러줍니다.[57] 그러므로 성경 말씀을 가르치는 이들은 그 해석에 주의하여야 합니다.

예수님과 바리새인들의 논쟁은 해석의 문제로 귀결됩니다. "네가 어떻게 읽느냐", "어디에 …한 것을 읽지 못하였느냐"라는 대목을 읽게 됩니다. 사탄의 시험 또한 '그 말씀'에 대한 예수님의 이해(해석)를 떠보는 것이었습니다.

왜 그럴까요? 예수님은 새로운 어떤 것을 전하고자 했던 분이 아닙니다. 예수님에게 있어서 텍스트는 언제나 동일합니다. 율법과 선지자로 대표되는 성경(당시는 구약)이었고 그것으로 만족해 하셨습니다. "누구든지 이 계명 중의 지극히 작은 것 하나라도 버리고 또 그같이 사람을 가르치는 자는 천국에서 지극히 작다 일컬음을 받을 것이요".

그렇기에 동일한 텍스트를 사용했던 이들과의 논쟁은 해석 싸움으로 번질 수밖에 없습니다. 오늘날의 교회 역시 그 연장선상에 있다 할 것입니다. 신약은 구약 없이 있는 것이 아니어서, 신약은 구약의 길라

---

56 마 16:11~12 참조.
57 잘 다스리는 장로들은 배나 존경할 자로 알되 말씀과 가르침에 수고하는 이들에게는 더욱 그리할 것이니라(딤전 5:17).
내 형제들아 너희는 선생된 우리가 더 큰 심판을 받을 줄 알고 선생이 많이 되지 말라(약 3:1).

잡이가 될 뿐 아니라 구약의 완성입니다. 여전히 텍스트는 하나, 성경입니다.

만약 텍스트가 달랐다면 바리새인들과 그렇게 치열하게 대립하지 않아도 되었을 것입니다. 사도 바울은 또 어떻습니까? 누가 참 하나님의 백성이냐를 두고 유대 할례당과 극렬한 대치전선을 형성하였습니다. 교회사도 동일하였습니다. 기독론 – 삼위일체론 – 성령론 – 교회론 등등, 이 모든 것들이 해석에 뿌리를 둔 신학 논쟁들이었습니다.

텍스트가 다르면 이단 분별은 쉬울 것입니다. 하지만 텍스트가 동일하게 되면 그만큼 세심한 주의가 요구됩니다. 마귀의 전략 또한 동일한 텍스트를 배경으로 합니다. 그러니 해석은 얼마나 중요한 작업인가요!

지금도 이 해석 싸움은 치열하게 진행되고 있습니다. 통일교는 이미 다른 경전을 텍스트에 추가했으므로 그 식별이 수월해졌습니다. 하지만 인터넷을 검색하면 엄청난 양의 이단 리스트가 발견됩니다. 그 중 신천지는 얼마나 교묘합니까!

산상 설교가 중요한 것은 텍스트의 해석과 관계됩니다. 예수님은 산상 설교를 통하여 성경 해석의 표준을 세우셨는데, 그 해석은 반드시 하나님의 성품과 일치되어야 하며, 그 말씀의 적용은 다음 세 가지, 즉 나눔, 용서, 돌봄의 영역에 있어서 하나님의 통치를 확립할 수 있어야 합니다. 이것이 산상 설교가 우리에게 주는 중요한 공헌입니다.

예수님이 그 해석 논쟁에 치열하셨던 이유 중 하나는 도래하는 교회의 교회됨에 있습니다. 천국의 제자 된 교회의 지도자들은[58] '그 텍스트'를 해석하는 일에 있어서 예수님의 '표준'을 따라야 할 것이고, 그 적용에 있어서는 '그 나라' 통치의 핵심 줄기인 세 가지를 항상 살펴야 합니다. 이것은 성도들을 하나님의 성품에 일치된 의로운 행실들로 구비케 하는 것이 됩니다. 아름다운 열매에 상응한 칭찬과 상을 주께로부터 반드시 받게 될 것입니다.

산상 설교 2부의 구조를 살핌에 있어서 이스라엘의 가르침과 행함을 구별하였습니다. 5장 21절로 끝까지를 가르침에 대하여, 6장 1~18절까지를 의로운 행실에 대하여 구분했던 것입니다. 이에 대하여 어떤 이는 서기관과 바리새인으로 각각을 명명[59]하지만 그 의미는 동일합니다.

하지만 예수님은 가르침을 대표하는 '서기관' 대신에 '선지자'를 말씀하십니다. 이는 서론부 20절 "너희 의가 서기관과 바리새인보다 더 낫지 못하면…"이라는 말씀을 고려하면 선뜻 연결이 안 되는 것처럼 보입니다. 그러나 다음 이어지는 단락 21절을 살펴보면 예수님의 의도를 발견하게 됩니다. 예수님은 서기관의 세상인 당시뿐 아니라 미래 교회 시대를 전망하면서 그 적용을 확대하셨던 것입니다.

---

58 예수께서 이르시되 그러므로 천국의 제자된 서기관마다 마치 새것과 옛것을 그 곳간에서 내오는 집주인과 같으니라(마 13:52).

59 박수암, 『산상보훈』, 대한기독서회, p.138
5:21~48 서기관의 의, 6:1~18 바리새인의 의로 단락을 구분짓는다. 그러나 본서와 완전히 일치하며 더욱이 5:20을 주제문으로 설정함 또한 그렇다.

③ 7:21~23 경계하라.

21절 나더러 주여 주여 하는 자마다 다 천국에 들어갈 것이 아니요 다만 하늘에 계신 내 아버지의 뜻대로 행하는 자라야 들어가리라

22절 그 날에 많은 사람이 나더러 이르되 주여 주여 우리가 주의 이름으로 선지자 노릇 하며 주의 이름으로 귀신을 쫓아 내며 주의 이름으로 많은 권능을 행하지 아니하였나이까 하리니

23절 그 때에 내가 그들에게 밝히 말하되 내가 너희를 도무지 알지 못하니 불법을 행하는 자들아 내게서 떠나가라 하리라

천국에 합당한 의의 실천자들은 가르침의 말씀을 잘 분별하여 절대적으로 하나님께 인정될 의의 길을 거닐어야 합니다. 21절의 말씀은 거짓 선지자들을 그들의 열매로 분별하라는 앞선 단락의 요지와는 연결이 매끄럽지 못해 보입니다. 이는 비유 언설의 간접화법에서 직설화법으로의 전환에 따른 부조화 때문인 듯 보입니다. 주의 깊은 독자라면 이미 13절부터 비유로 말씀하셨음을 눈치챘을 것입니다. 그러므로 화법의 전환에 따른 단절된 느낌을 지우기 위해 행간[60]을 삽입해 보겠습니다.

"다시 한 번 말하지만 잘못된 교훈에 이끌려 스스로 자만하지 말지니". 어떻습니까? 매끄럽게 연결되었기를 바랍니다.

---

60 20절과 21절 사이를 말함.

"천국에 들어갈 것이 아니요".

서론부의 말씀, "결코 천국에 들어가지 못하리라"(5:20 下)와 서로 잘 호응하고, 그래서 잘못된 교훈에 대하여 경계해야 될 당위성을 깨닫게 합니다. 어떤 교훈을 선택하느냐 하는 문제는 천국 입성의 허불허(許 不許)를 결정짓기 때문입니다.

"나더러 주여 주여 하는 자마다…".

본 구절의 내용 전개는 단지 예수님 당시로만 한정되지 않습니다. 이 상황 설정은 예수를 주라 부르는 교회 그룹에 초점이 있습니다. 예수님은 교회 시대의 성도를 전망하면서 그 가운데 있을 '노략질 하는 이리'들을 분별하여 교회의 건전성이 유지될 수 있도록 돕고자 하셨습니다.

오늘날 우리에게 있어서 참 선지자를 지시하는 표지는 어떠한 것이 있을까요? 탁월한 설교, 병 고치는 은사, 예언하는 은사, 능력 있는 기도, 아니면 인격에 있어서의 겸손함 등등을 생각해 볼 수 있겠습니다.

아주 오래 전으로 기억되는데, 어느 기도원 원장님이 집회를 하면서 가족사진 여러 장을 입구에 게시하였습니다. '열매'가 좋으니 안심하라는 의미였을 것입니다. 하지만 예수님은 무엇을 제시하셨습니까? 우리는 이미 들은 것이 있습니다.

"다만 내 아버지의 뜻대로 행하는 자라야 들어가리라".

주를 알고 찾는다고 하여 다 천국에 들어가는 것이 아닙니다. 주의 이름을 부르는 예배자라고 하여, 직분과 직임 심지어 권능을 나타낸

사역자라고 하여 천국에 들어가는 것이 아닙니다. 오직 '아버지의 뜻대로 행하는 자'만이 천국에 들어갈 뿐입니다! 예배자도 귀하고 사역자도 귀하지만, 더 중요한 것은 아버지의 뜻을 행하는 예배자와 사역자인가 하는 점에 있습니다.

선지자 노릇도 귀합니다. 귀신을 쫓아내는 능력도 귀합니다. 많은 권능을 행하는 일은 참으로 귀한 일입니다. 사도행전은 그 권능으로 인하여 복음 전도에 많은 유익이 있었다고 합니다. 하지만 그것이 최종적인 것은 아닙니다. 그것은 복음에 대한 준비와 시작을 가능케 합니다. 지금도 이러한 능력들로 교회에 들어오는 많은 분들이 있습니다. 그러나 그것이 하나님의 통치와 다스림을 대표하지는 않습니다. 하나님의 통치와 다스림에 대한 좋은 증거일 수는 있겠지만, 그것 또한 분별이 필요한 것으로 하나님의 다스림을 대변하거나 대표할 수는 없습니다.

우리는 하나님의 다스림을 이러한 것들로 변질시키려는 의도를 단연코 멀리해야 합니다. 우리의 초점을 하나님 나라의 세 영역으로부터 분리시키려는 사탄의 훼방을 물리쳐야 합니다.[61]

"내가 너희를 도무지 알지 못하니 불법을 행하는 자들아 내게서 떠나가라".

---

61 악한 자의 나타남은 사탄의 활동을 따라 모든 능력과 표적과 거짓 기적과 불의의 모든 속임으로 멸망하는 자들에게 있으리니 이는 그들이 진리의 사랑을 받지 아니하여 구원함을 받지 못함이라 이러므로 하나님이 미혹의 역사를 그들에게 보내사 거짓 것을 믿게 하심은 진리를 믿지 않고 불의를 좋아하는 모든 자들로 하여금 심판을 받게 하려 하심이라(살후 2:9~12).

'불법'이란 말에 주목해야 합니다. 언약 백성에게 불법이란 언약 법에의 불순종이고, 그래서 배도하는 일을 말합니다. 의 없음이란 측면에서 '악'이 됩니다. 언약 안에 거한 듯 보이나 실상은 언약 밖의 사람들입니다. 적나라한 주님의 표현을 빌리자면 '마귀의 자식'입니다. 그렇기에 "내게서 떠나가라"고 다그쳤던 것입니다.

왜 불법인가요? 언뜻 선지자 노릇한 것이, 귀신을 쫓아낸 일이, 그리고 많은 권능이 불법을 행한 일로 정죄되는 것 같습니다. 그러나 그것은 오해입니다. 그 자체로는 예수님의 사역을 특징짓는 것으로 불법과는 아무런 상관이 없습니다.

'불법'이란 '내 아버지의 뜻'(21절)에 상응합니다. 그러니 주님께 가르침 받은 대로 하나님의 뜻을 행하는 일은 얼마나 중요합니까! 능력도, 귀신 축사도, 선지자 노릇도 하나님의 뜻을 행하는 이 일만큼은 대신할 수가 없습니다.

바울 사도가 로마서의 저작 목적을 밝히듯[62], 그 말씀에 순종하는 백성만이 예수님께 인정받게 될 것이요, 그렇지 않으면 불법의 사람들로 내쳐지게 된다는 점에 눈을 부릅떠야 할 것입니다.

"다만 하늘에 계신 내 아버지의 뜻대로 행하는 자라야 들어가리라".

다시 한 번 마음에 새기기를 원합니다. 아버지의 뜻은 무엇입니까? 다시 진술합니다.

---

62 그로 말미암아 우리가 은혜와 사도의 직분을 받아 그의 이름을 위하여 모든 이방인 중에서 믿어 순종하게 하나니(롬 1:5).

'예수 믿음에 동참하여 언약 안으로 들어온 인생은 누구든지 하나님의 식구로 영접되어 나눔과 돌봄을 얻게 됩니다. 이것을 가능케 하는 성도들의 행실은 착한 것이요, 의로운 것이요, 하나님의 온전하심처럼 온전한 것이며, 율법과 선지자의 강령에 완전히 일치되는 것입니다.'

④ 7:24~27 기억하라.

24절 그러므로 누구든지 나의 이 말을 듣고 행하는 자는 그 집을 반석 위에 지은 지혜로운 사람 같으리니

25절 비가 내리고 창수가 나고 바람이 불어 그 집에 부딪치되 무너지지 아니하나니 이는 주추를 반석 위에 놓은 까닭이요

26절 나의 이 말을 듣고 행하지 아니하는 자는 그 집을 모래 위에 지은 어리석은 사람 같으리니

27절 비가 내리고 창수가 나고 바람이 불어 그 집에 부딪치매 무너져 그 무너짐이 심하니라

예수님은 비유로 선택의 중요성을 각인시킵니다. 생명으로 인도하는 문과 멸망으로 인도하는 문은 각각 예수님과 서기관의 교훈을 비유합니다. 그러므로 어느 쪽을 선택하느냐에 따라 그 결과는 서로 상반될 수밖에 없습니다. 예수님은 그 필연적 결과를 그림 언어(비유언사)를 통하여 효과적으로 전달합니다. 극명한 대비에 의해 청중들은 충격을 받습니다.

예수께서 이 말씀을 마치시매 무리들이 그의 가르치심에 놀라니(7:28).

마음을 장악해 가시는 '천국의 제자 된 서기관'의 뛰어난 면모를 보게 됩니다. 그날에 반드시 지혜로운 사람과 어리석은 사람으로 나뉘게 됩니다. 사람의 유전과 계명을 좇았던 것인가, 아니면 하나님의 말씀을 붙들었던 것인가 반드시 판가름 받게 될 터인데, 하나님 앞에서 과연 누가 지혜로운 사람인가요!

예수님을 하나님의 아들이요, 메시아와 그리스도로 아는 일은 매우 중요합니다. 바리새인과 서기관들은 예수에 대해 다만 종교를 어지럽히고 사회를 혼란케 하는 무뢰배로 알았습니다. '바알세불을 힘입어 능력을 행한다'고 신학적 정죄를 서슴지 아니했고, '한 사람이 죽어 온 민족이 망하지 않는 것이 낫다'고 하여 죽이기를 모의하였습니다. 저들은 거칠 것에 거쳐 넘어졌습니다. 예수를 부인함은 하나님을 부인함과 같습니다. 예수님은 하나님의 말씀을 전하였기 때문입니다.

오늘날도 동일합니다. 구원에 대하여 달리 말할 것이 없습니다. "나의 이 말을 듣고 행하는 자는…". 천국에 합당한 '의'는 예수님의 말씀을 벗어나 달리 있지 않기 때문입니다. 산상 설교의 중요성이 바로 이것입니다.

나오는 글 언약 안에 거하는 삶!

지금으로부터 3,500여 년 전, 아라비아 반도 시내산에서 언약식이 거행되었습니다. 본질은 왕 같은 제사장들이요, 존귀한 백성들[63]이 됨에 있습니다. 조건은 단 하나, 언약법을 따를 때입니다. 하나님의 통치에 순종하여 그 언약법을 따를 때, 그 백성들은 하나님의 다스림 안에서 은혜와 진리로 충만한 기쁨을 얻어 행복하게 될 것이고, 주변 세계로부터는 존귀를 얻어 행복을 세일(판매)하는 지도국이 될 것입니다.

언약관계에서 중요한 것은 그래서 언약법이 됩니다. 하지만 법이라는 엄정성에 묶여 언약법에 대한 매우 경색된 시선은 회피되어야 합니다. 언약법은 선행하는 언약관계에 따른 하위적 개념으로서, 의무적으로 부과되어 처벌을 강제하는 현행의 법 집행과는 그 궤를 달리하기 때문입니다.

---

63 출 19:5의 '내 소유'(보배로운 존재)를 보충 설명함이 6절의 '제사장 나라', '거룩한 백성'이다. 이는 제사장으로서의 역할이 아니라 이스라엘이 세상에서 하나님과 특별한 관계를 가지는 가장 높은 위치를 지시하는 것으로 왕이나 그와 버금가는 지위를 말한다. 거룩함 또한 구별된 언약의 당사자로 선택된 존귀성을 말한다.(송제근, 『오경과 구약의 언약신학(1)』, 두란노, p.150.)

언약법은 기본적으로 언약에서 발생되어 언약관계에 봉사하며 언약을 완전하게 합니다. 그러므로 언약법에서는 법 이전에 하나님과 맺은 '은혜의 언약'을 먼저 바라보아야 참된 이해에 도달하게 됩니다. 이것은 마치 자녀가 사랑하는 아버지와의 관계 속에서 아버지가 만든 가정의 규율에 순종하는 것이 원리이지 자녀가 규율 자체를 지키지 않으면 안 된다는 강박관념의 노예가 되어서는 안 되는 것과 같은 이치입니다.[64]

십계명의 바른 의의에 대해서는 앞서 살폈습니다. 전통적인 이해 방법으로는 율법 수여자의 뜻을 온전히 깨달을 수 없는 한계를 가집니다. 법 조항을 다루듯, 하나하나를 분절된 체계 속에서 파악하였기 때문입니다. 그러나 헌장과 같이 한 단위의 통 문장으로 보게 되면 참된 의의가 살아납니다. 그렇게 읽게 되면 제4계명이 매우 핵심적인 위치에 있음을 알게 되어 새로운 각도에서 십계명을 조명해 볼 수 있게 됩니다.

이제 그 파격적인 이해는 다음과 같습니다.

십계명은 하나님 섬김에 있어서 사실상 안식일 법이 전부가 된다!

제4계명인 안식일 법은,

첫째, 제5~9계명의 말씀은 안식일 법을 보충합니다. 물론 나름대로의 존재 목적은 있겠으나 레위기의 진술은 안식일 법의 종교·제의적

64 Ibid. p.154에서 인용함. 달리 155페이지에서는 이렇게 설명한다. 황태자가 시골에서 묻혀 사는 처녀를 아내로 데려올 때 이 처녀를 장차 자신의 왕후로 삼을 의무를 지니는 반면에, 그 시골 처녀는 왕후가 되기 위하여 왕궁의 법도를 배우는 것과 유사하다.

측면과 사회·경제적 측면에 복속되는 것으로 이해됩니다. 그렇기에 느헤미야-에스라의 신앙부흥운동과 그 이후 유대 역사에 있어서 안식일 준수가 왜 그렇게 중요했었는지를 깨닫게 해줍니다.

둘째, 열 번째 계명이 포괄적으로 진술하듯, 절대 탐심을 가지고는 지켜낼 수 없습니다. 이는 안식일 법이 경제적 삶과 밀접한 관계에 있음을 깨닫게 해줍니다.

셋째, 그러므로 안식일 법에 대한 이러한 이해는 참된 예배가 단순히 의식(ritual)으로, 안식일 준수가 한 날 드리어지는 예배로 축소될 수 없음을 분명히 해줍니다. 이는 선지서의 메시지들이 분명히 증거하는 바입니다.

넷째, 레위기가 진술하는 바와 같이 '안식년-희년법'을 대표합니다. 19:3 등에서 안식일 준수를 요구합니다. 그 규례는 절기와 관련 23장에 딱 한 절이 기록될 뿐(3절), 안식일의 확장이 분명한 안식년-희년 규례가 25장에 자세하게 기록됩니다. 오늘의 교회가 안식일 준수와 관련 계승, 지켜야 할 부분이 되겠습니다.

이와 같은 이해를 가지게 되면, 율법과 선지서의 강령을 밝혔으며, 율법의 일점일획까지라도 다 이루고자 했던 예수님에 대해서, 또 산상설교와 언약법의 관계에 대해서 좀 더 바른 이해에 도달하게 됩니다.

희년은 '종의 해방, 부채 탕감, 토지 반환'을 근간으로 합니다. 이는 하나님께서 행하실 통치의 기둥들이고, 언약 가동의 표지가 됩니다. 그러므로 언약의 일꾼들인 제사장들의 최대 과업은 희년의 철저한 시행이었습니다.

멜기세덱의 반차를 좇는 대 제사장으로 오신 예수님, 그분은 자신의 최대 과업을 희년의 시행에 두셨고[65], 그 가르침을 열정적으로 전파하십니다. 그래서 우리에게 너무나 익숙한 주기도문이 기록된 것입니다.

그러나 교회는 그 뜻에 대하여 문맹과 다름없습니다. 주기도문을 너무나 오해합니다. 현재는 예배 의식으로 중요하게 되었을 뿐 의미 자체의 중요성은 상실되고 말았습니다. 하지만 주기도문의 땅 청원 세 가지는 정확히 희년의 그것과 일치합니다. 언약적 토대에서 다시금 읽어야 할 이유입니다.

주기도문은 십계명의 구성과도 맥을 같이합니다.
하나님 섬김 & 그 섬김의 길 = 하늘 청원 & 땅 청원

언약관계라는 동일한 배경을 생각하면 형태가 같다고 하여 새로울 것은 없습니다. 하지만 지금까지 그 동일한 것을 알 수 없었습니다. 구약과 신약의 연속성을 깨닫지 못했던 것입니다. 그 배경에 여러 가지가 있겠지만, 가장 큰 요인으로는 헬라 철학에 토대를 둔 이원론의 유입입니다. 천국과 영생[66]을 이 세상과 대립된, 그리고 초월적 개념으로 이해하게 되면서 언약적 배경을 이해할 수 없게 된 것이고 구약과의 단절을 가져왔습니다. 하지만 이제 언약적 배경을 회복하게 되었습니다. 산상 설교는 언약을 배경으로 하기 때문입니다. 일곱 차례나 등장하는 '너희 아버지'란 표현은 그 대표적 사례입니다. 그리고 주

---

65 주의 은혜의 해(희년)를 전파하게 하려 하심이라 하였더라(눅 4:19).
66 사도 요한은 천국 대신에 '영생'이란 용어를 선호했다.

기도문은 새 언약의 핵심부에 위치합니다. 옛 언약에 있어서 십계명이 그러했듯이!

예수님은 교회를 전망하면서 친히 '새 언약'의 중재자가 되셔야 했고, 언약 법에 많은 정성을 쏟아 선포하셨습니다. 지상 교회는 존귀한 하나님의 가정 식구(언약 백성을 가리킴)가 되어야 했기 때문입니다. 예수님의 언약법은 새로운 어떤 것이 아니어서, 그 정신에 있어서 하나님 사랑과 이웃 사랑으로 요약되며, 그 형식에 있어서는 주기도문으로 정의됩니다!

여러분은 언약 백성으로 살아간다는 것이 무엇을 의미하는지 우리를 둘러싼 환경을 바라보아야 합니다. 그러면 고(故) 대천덕 신부의 안타까운 탄식의 의미를 조금이나마 헤아릴 수 있을 것입니다.

이미 끝났지만, 2010년 아시안 게임의 우리 축구대표팀 응원 문구가 '왕의 귀환'이었습니다. 이 세계는 실로 왕의 귀환을 소원하고 있습니다. 대 자연이 왕의 귀환을 원하며 탄식합니다. 이스라엘의 고통과 신음은 모세의 파송으로 이어졌듯, 이 세계인 앞에 하나님은 교회를 준비하셨고 파송하십니다. 예수님의 대 위임령(마 28:19~20)은 정확히 세상을 향한 하나님의 마음과 일치합니다.

소말리아 해적 소탕 작전[67]으로 온 국민이 흥분을 감추지 못하고 있지만, 제3세계의 빈곤 문제는 얼마나 심각한 것입니까! 전 세계를 유랑할 수밖에 없는 이주 노동자들의 비애도 크지만, 직장이 없어 빈

---

67 2011. 1. 21 삼호 주얼리호 인질 구출을 위한 대한민국 해군의 '아덴의 여명' 작전.

곤으로 내몰리는 일은 또 얼마나 큰 고통인가요! 지난 겨울은 유난히 추웠지만, 식량난에 에너지난까지 겹친 북한 주민들은 또 어떠했을까요! 이 사회에 돈 때문에 벌어지는 참상과 애환은 24시간 뉴스 방송으로도 다 담아낼 수 없을 지경입니다.

세상이 의식주의 문제로, 결국 땅(토지)의 문제로 고통당하는 것을 생각하면 더욱 안타까운 것은 교회입니다. 교회가 주의 말씀에 푯대을 잃고 세상에서 헤매고 있기 때문입니다. 달려갈 향방을 모르고 저마다 열심히 나아가고는 있습니다. 성경공부 – 전도 – 찬양 – 은사 – 12 제자시스템! 무엇인가를 참으로 열심히 합니다.

하지만 의의 관점을 잃어버렸습니다. 성장과 부흥의 관점에서만 접근할 뿐, 의에는 관심이 없습니다. 교회가 짓밟히는 이유입니다. 그러므로 산상 설교가 시급히 선포되어야 합니다. 언약 백성들은 언약법의 요체를 다른 누구가 아닌, 그 백성의 구원자 되시는 예수님으로부터 시급히 들어야 합니다.

교회는 행복한 삶을 설교하면서도 성도들을 행복하게 하는 일에는 실패[68]해 온 것 같습니다. 오늘날 많은 수가 교회 생활에 회의를 가지며 떠나가고 있으니 말입니다. 오늘 성도들이 행복해 한다면 그들을 바라보는 세상의 시선이 이토록 삐딱하지는 않을 것입니다. 교회가 성

---

68 최근 두레교회(김진홍, 이문장 목사) 홈피를 방문했다. 두레복지사역의 목적과 비전이 감명 깊다. 두레교회 전 성도와 조직의 복지생활화(평신도 사역)를 통해 하나님께는 영광을, 이 땅 위에는 평화와 대안을 이루어 간다. 아직 한국 교회에 이러한 좋은 교회가 곳곳에 있음을 잊지 말자! 분당우리교회(이찬수 목사)와 우리들교회(김양재 목사) 또한 즐겨 방문하는 은혜의 심장과 같은 교회들이다.

도들을 행복한 길로 이끌지 못했던 것입니다. 교회가 성도들을 섬기지 않고 군림했던 것입니다.

그래서일까요? 오늘날 행복에 대한 교회의 설교가 도리어 스님들의 메시지에 미치지 못하는 것 같습니다. 스님들은 참선이란 강력한 도구를 통하여 그 마음을 정화합니다. 마음을 살펴 헛된 망상을 놓을 수 있도록 스스로 정진하며 설법을 전합니다. 그 설법은 실천적이고 스스로는 본이 됩니다. 그러니 힘이 있습니다. 복음보다 참선과 명상에 열광하는 현대인들입니다.

하지만 그것(참선 또는 명상하는 삶) 또한 참된 행복이라 하기에는 부족합니다. 지고한 하나님과 더불어 누릴 수 있는 행복이란 스님들의 그것을 뛰어넘습니다. 이 행복은 복음으로 약속된 언약 안에 감추어져 있습니다. 이 행복은 두 발을 딛고 살아가는 삶의 현장을 떠나 마음으로 축소될 수 없으며 더욱이 쾌락으로 변질될 수도 없습니다.

교회의 행복은 희년에 있습니다. 삶의 전반을 포괄하는 이 행복은 희년으로 대변됩니다. 기독교의 행복은 희년을 통하여 맛보게 되는 실체적인 희락이요, 기쁨인 것입니다. 그 안에 관계의 회복이 있습니다. 재물로부터의 자유함이 있습니다. 안전을 보호 받습니다. 그 위에 임마누엘 하나님을 경험하게 됩니다. 이 지극한 평화와 안정감은 희락과 행복이란 말로 표현될 것입니다.

수행(修行)을 말하며 대토지 소유를 정당화하려는 기만에서 깨어나야 합니다. 교리적이고 사변적인 설교로 복음을 희석시키려는 어지러움에서 중심을 잡아야 합니다. 교회 밖으로가 아닙니다. 교회 내부로부터 복음과 언약적 삶이 회복될 수 있도록 모든 역량을 집중해야 합니다. 우리의 일차적 관심은 세상이 아닙니다. 교회 내부여야 합니다. 그만큼 교회 개혁은 시급하기 때문입니다.

속지 말라 악한 동무들은 선한 행실을 더럽히나니 깨어 의를 행하고 죄를 짓지 말라 하나님을 알지 못하는 자가 있기로 내가 너희를 부끄럽게 하기 위하여 말하노라 (고전 15:33).

밖에 있는 사람들을 판단하는 것이야 내게 무슨 상관이 있으리요마는 교회 안에 있는 사람들이야 너희가 판단하지 아니하랴 밖에 있는 사람들은 하나님이 심판하시려니와 이 악한 사람은 너희 중에서 내쫓으라(고전 5:12~13).

소금은 소금이기 때문에 쓸모가 있고, 빛은 이미 빛이기에 유용할 뿐입니다. 짠 맛을 내고자 함은 이미 그 자체로 소금이 아닌 것을 증거할 뿐이고, 빛을 비추고자 함은 이미 빛이 아닌 것을 나타낼 뿐입니다. 애석하게도 교회는 이미 소금이 아니고 빛이 아니게 되었습니다. 그렇기에 그 모든 행사에도 불구하고 하나님의 이름은 땅에 짓밟힐 뿐입니다.

교회는 이제 내부로부터의 개혁에 단호한 자세로 나서야 합니다. 한국기독교총연합회의 금권 선거와 관련 전임 대표회장의 양심선언이 있었습니다. 한편으로는 교회의 치부를 드러낸 일이지만, 이런 일들은 더 확대되어야 합니다. 각 교단의 총회장 선거로부터 노회장 선거에 이르기까지, 아니 교회의 장로 장립에 있어서까지 돈이 흥정되기 때문입니다. 일부에서는 교회 개척과 성장을 위하여 부동산 투자법을 가르친다고 합니다. 망국적 투기 행태에 교회가 앞장서는 꼴이니 도를 넘은 것이 분명합니다.

삭개오의 변화가 그립습니다.

주여 보시옵소서 내 소유의 절반을 가난한 자들에게 주겠사오며 만일 누구의 것을 속여 빼앗은 일이 있으면 네 갑절이나 갚겠나이다(눅 19:8).

부자였던 한 사람의 회개를 봅니다. 단순히 하나님을 모르고 살아온 지난 모든 날들을 회개한 것이 아니라 부자로서 돈의 획득 과정과 그 축적된 돈의 사용에 있어서 바르지 못했음을 회개하였던 것입니다. 경제(돈)에 있어서의 회개란 중요합니다. 예수님도 부자 청년에게도 돈의 회개를 요청하셨습니다.

오늘 구원이 이 집에 이르렀으니 이 사람도 아브라함의 자손임이로다(눅 19:9).

예수님의 이 구원 선포가 다시금 한국 교회에 들려야 합니다. 경제(돈)와 관련해 회개할 것이 많겠기에 말입니다. 어쩌면 교회가 구원받아야 할 대상이 된 것은 아닌지 모르겠지만, 회개의 과정은 시급하게 그리고 투명하게 진행되어야 합니다. 그렇게 하여 예수님께 인정되며, 온 성도 안에 초대 교회와 같은 찬미와 충만한 기쁨이 다시금 회복되기를 소원해봅니다.

레위기는 제사 규례가 기록된 책으로 널리 인식되고 있습니다. 피흘림의 희생 제사 규례를 읽는 독자라면, 신약의 히브리서와 더불어 십자가의 진수를 깨닫게 됩니다. 하지만 레위기는 제사 규례만으로 한정되지 않습니다. 구약시대 성도들의 삶의 전반을 다루는 중요한 언약서[69]입니다.

특히 17장 이후를 성결법전[70]이라고 해서 언약 성도의 삶을 사회 · 국가적 차원으로까지 확대 규정합니다. 이는 언약의 주가 되시는 하나님의 거룩성이 단지 제사(예배)만으로 한정되는 것이 아니라 통치의 전 영역으로 확대되고 있음을 가리킵니다.

너는 이스라엘 자손의 온 회중에게 말하여 이르라 너희는 거룩하라 이는 나 여호와 너희 하나님이 거룩함이니라(19:2).

---

69 내 규례를 멸시하며 마음에 내 법도를 싫어하여 내 모든 계명을 준행하지 아니하며 내 언약을 배반할진대(26:15).

70 이 용어는 클로스터만이 처음 사용하면서부터 일반적으로 사용된 명칭이다.(정중호, 『레위기 만남과 나눔의 장』, 한들출판사, p.284에서 인용.)

나는 여기서 안식일의 의미에 대해 살피고자 합니다. 이는 성도의 삶은 무엇인가와 상통하는 문제로 매우 중요한 정보를 주기 때문입니다. 안식일 규례는 언약법의 핵심이 됨을 앞서 십계명에 대한 논의를 통해 밝혔지만, 그 충분한 의미에 대하여 레위기를 통하여 더 들어야 할 것이 있습니다.

1. 레위기 구조 이해

하나의 메시지를 담고 있는 통일된 문장으로 읽게 되면 그 내용이 매우 정교하게 구성되어 있음에 놀라게 됩니다. 그 구성은 키아스틱

1. 예물 드리는 법(1~3장)
   2. 범죄에 대한 인간의 반응(4~6:7)
      3. 제사장에 대한 규례(6:8~9장)
         4. 에피소드 1(10장)
            5. 구별 1(11~15장)
               6. 대 속죄일(16장)
                  7. 거룩한 백성(17~20장)
               6 제사장에 대한 규례(21~22장)
            5 구별 2(23장~24:9)
         4 에피소드 2(24:10~23)
      3 안식년 · 희년(25장)
   2 범죄에 대한 하나님의 반응(26장)
1 서원예물 드리는 법(27장)

구조라고 해서 서로 평행되는 본문을 가장 핵심 되는 단락을 기준으로 중첩되게 배치하는 것입니다. 사실 시편이나 선지서들에 자주 사용되었음을 아는 독자라면 쉽게 이해될 내용입니다.

7번을 중심으로 하여 서로 평행되도록 단락을 구성함으로써 기록자 모세는 더 많은 정보를 우리에게 주고자 합니다. 이제 그 정보에 하나하나 접근해 보겠습니다.

① 거룩함

거룩한 백성 단락(17~20장)이 레위기의 중심부에 위치합니다. 레위기에서 용어 '거룩'(히, 카도쉬)은 장(帳)마다 골고루 분산되어 기록됩니다. 따라서 본서의 주제어가 무엇인지를 말해줍니다. 또한 시내산 언약 체결이 거룩한 백성을 목표하는 것과도 일치합니다.

'거룩함'이란 무엇일까요? 그 용례를 살피면, 그 의미는 '구별됨'에 있음을 알게 됩니다. 이스라엘은 관계된 애굽과 가나안 족속들과는 구별된 종교-사회생활을 언약의 주로부터 요구받기 때문입니다.[71]

② 제사장

이제 '거룩한 백성'을 둘러싸고 있는 항목들을 주의하여 보면, '제사장에 대한 규례'가 두 번 언급됨을 발견합니다. 언약으로 존재하게 된 나라에서 가장 중요한 직이 제사장 그룹이어서 언약 가동의 핵심적 책무를 담당하게 됩니다. 그러므로 이스라엘은 제사장의 나라라고도

---

71 20:23~24

칭하여집니다.

③ 대속죄일 & 안식년·희년

상하 언급된 '제사장 규례'의 위치에 서로 호응하고 있는 항목을 주목해서 보아야 합니다. 대 속죄일과 안식년·희년 규례는 제사장 그룹이 전 국가적으로 시행해야 할 중차대한 책무가 됩니다.

④ 구별

대속죄일과 안식년·희년이 무엇을 지시하는지를 말해줍니다. 대속죄일과 관련된 '구별 1'의 항목으로 '음식-출산-질병'이 언급됩니다. 이러한 리스트는 무엇을 의미합니까? 종교·제의적(또는 영적) 성격을 나타냅니다.

음식 규례는 하나님에 의해 창세기의 처음부터 지시 받고 있습니다. 특별히 창세기 9장 3절이 홍수 심판 이후임을 고려하면 범죄와도 연관됩니다. "모든 산 동물은 너희의 먹을 것이 될지라 채소같이 내가 이것을 다 너희에게 주노라".

출산 역시 그 생명의 기원이 하나님께 있으며, 질병(특히 나병-유출병)이란 범죄에 대한 하나님의 저주와 관련됩니다. 그러므로 제사장들의 대 과업인 대속죄일의 시행은 종교·제의적(영적) 측면에서 애굽·가나안 종교 풍습과는 확연히 구별됩니다.

동일하게 안식년·희년 규례 또한 이방 세계와의 단절과 동시에 하나님의 백성 됨을 담보하게 됩니다. '구별 2'는 절기의 항목으로, 이스라엘의 사회·경제적 삶을 대표합니다. 농경사회에서 절기란 종교·제의적 중요성을 지나 사회적 유대와 정보 나눔의 장이 될 것이고, 노동과 경제적 산물에 대한 여러 논의의 장을 제공하게 됩니다. 그러므로 사회·경제적 성격을 지시합니다.

안식년·희년의 시행은 주변 세계의 사회·경제의 운용과는 구별되도록 하는 일이 됩니다.

⑤ 에피소드들

종교·제의적 측면에서 그리고 사회·경제적 삶의 측면에서 기록된 사건이 있습니다. 먼저 '에피소드 1'을 보겠습니다.

아론의 두 아들, 나답과 아비후가 '다른 불'을 향로에 담아 분향하다가 죽임을 당하게 됩니다. 몸에 밴 옛 관습에 따른 주의 말씀에 대한 '소홀함'이라 생각해 볼 수 있겠습니다. 여기서 '소홀함'은 '마음 없음'임을 이어지는 단락을 통하여 알게 됩니다.

거룩한 음식과 관련된 모세의 책망과 그에 따른 아론의 해명성(解明性) 발언을 보면, 하나님을 향한 마음이 제사에서 얼마나 중요한 것인가를 깨닫게 됩니다.

오늘 내가 속죄제물을 먹었더라면 여호와께서 어찌 좋게 여기셨으리요(10:19).

지시된 제사 형식을 따름보다 주의 마음을 헤아려 제사자의 마음을 드림이 진정한 제사의 기초가 됨을 배우게 됩니다. 1~3장에 "이는 화제라 여호와께 향기로운 냄새니라"는 표현을 거듭하여 읽게 되는데, 제사의 본질은 제사인과 제사를 받으시는 분과의 상호 마음의 교류와 그에 따른 기쁨에 있습니다(요일 1:3~4).

반면 '에피소드 2'는 여호와의 이름을 모독한 사건입니다. 그 저주 받은 사람은 '어머니가 이스라엘 여인이요 그의 아버지는 애굽 사람' 이라고 소개됩니다. 애굽으로부터 구별되어야 될 것을 요구 받는 이스라엘의 입장에서, 본 사건은 시사하는 바가 매우 큽니다.

누군가를 모독한다는 것은 심대한 타격을 받았을 때입니다. 일상적이라 할 만한 티격태격하는 일로 저주하며 모독하는 경우는 없습니다. 그렇다면 왜 이 사람은 하나님께 대하여 이토록 분개하여서 저주하며 그 이름마저 모독하고 있는 것일까요?

아마도 종교 · 제의적 이유에서는 아닐 것입니다. 제의적 측면에서 옛 것과의 단절 내지 다름에서 오는 불편함은 있을 것입니다. 그러나 그렇다고 신의 이름을 모독하지는 않습니다. 이어지는 기사(24:17~22)를 살피면 무엇인가 사회 · 경제적 손실과 그에 따른 언약법의 납득할 수 없는(?) 규례 때문임을 상정해 볼 수 있겠습니다. 더욱이 다음 장은 안식년 · 희년 규례인 25장이 됩니다.

예수님의 비유 중, 달란트 비유에서 한 달란트 받았던 종이 그 주인에 대하여 악하다고 평가했던 것을 기억하였으면 좋겠습니다. 그 종은 주인의 지시를 간단없이 거부했고 자신이 취한 행동으로 주인을 우롱하기까지 했습니다. 그 이유는 사회 · 경제적 삶과 관계된 주인의 명령에 있습니다.

지난 노무현 정부 시절, 종부세와 관련하여 강남을 중심으로 조직적인 반발이 있었던 것을 기억해보면, 경제적 이유가 얼마나 민감한 사안인가를 잘 알 수 있습니다. 그러므로 두 번째 에피소드가 담아낸 메시지는 돈과 관련하여 이방 세계로부터 구별된다는 것이 얼마나 어려운 과업인가를 깨닫게 합니다. 그렇기에 다음 장에서 "토지는 다 내 것이라"(25:23)는 하나님의 선언은 실로 많은 것을 의미하는 것 같습니다. 하지만 그런 만큼 안식년·희년의 규례를 따르게 되면 자연스럽게 이방의 빛이 되는 것 또한 확실합니다.

⑥ 죄에 대한 반응들

인간의 반응

흔히 속죄제와 속건제는 앞선 단락(1~3장)과 구별 없이 이해되고 있으나, 세심한 독자라면 그 서술방식과 내용에 있어서의 차이를 발견할 수 있을 것입니다. 나는 특별히 레위기 전체를 고려하여 '죄에 대한 인간의 반응'으로 명명했습니다.

속죄제와 속건제의 기술에서 눈에 띄는 용어는 '자각'(깨달음)입니다. 죄를 깨닫게 되어야 그에 따른 규례를 이행할 수 있다는 측면에서 이는 너무나 당연한 것 같습니다.

그러므로 모든 제사를 총칭한 대속죄일에 있어서 가장 중요한 점은 죄에 대한 각성에 있음을 말씀 드립니다. 죄에 대한 각성 없이 대속죄일의 시행이 무슨 의미가 있겠습니까?

그러므로 제사장 그룹은 대속죄일 과업을 완수하기 위하여 그 백성들로 하여금 죄를 자각할 수 있도록 힘써 직무를 수행해야 했습니다.

레위기에는 그와 관련된 제사장의 직무가 잘 드러나지 않습니다. 하지만 사무엘서를 통하여 잘 이해할 수 있습니다.

해마다 벧엘과 길갈과 미스바로 순회하여 그 모든 곳에서 이스라엘을 다스렸고 라마로 돌아왔으니 이는 거기에 자기 집이 있음이니라 거기서도 이스라엘을 다스렸으며 또 거기에 여호와를 위하여 제단을 쌓았더라(삼상 7:16-17).

하나님의 반응

레 26장은 '죄에 대한 하나님의 반응'에 초점을 맞추게 됩니다. 이 장에서 중요한 낱말은 '땅'입니다. 땅은 사회·경제적 삶의 토대로서 이미 언약과 관련, 주요한 신학적 주제가 되고 있습니다.

26장 2절은 이렇게 시작됩니다.

"너희는 내 언약을 지키며 내 성소를 경외하라 나는 여호와이니라".

여기 '경외하라'(히, 야레)는 말은 레위기의 중심장인 19장에 그리고 25장(희년)에 집중되어 각 세 번씩 기록됩니다. 다른 장에서는 발견되지 않습니다. 그러고는 26장 2절에 딱 한 번 기록됩니다. 이것은 무엇을 의미합니까?

하나님을 경외하는 삶에 있어서 땅은 대단히 중요한 것임을 깨닫게 됩니다. 땅이 운용되어지는 것을 살피면, 개인과 그 사회가 하나님을 경외하는 것인지 확인할 수 있습니다. 십계명 중 제3계명은 "여호와의 이름을 망령되이 부르지 말라"고 합니다. 절대적으로 땅이 운용되는 것을 보면 망령되이 부르며 예배드리는지를 알게 되는 것입니다.

그렇기에 제사장들은 개인 사이에 또는 사회적으로 땅이 어떻게 운용되는 지를 예의 주시하면서, 그 백성들로 하여금 안식년·희년 규례

안으로 들어오도록 해야 했습니다. 만약 백성들 스스로가 '땅'에 대한 중요성을 자각하지 못하여 하나님을 경외하는 일에 실패하게 되면, 그래서 언약을 배반한 것이 되면(26:15), 하나님은 땅의 안식으로 심판하게 됩니다(참조 26:41).

지난날에도 그렇지만 오늘날에도 땅의 상태 - 직접적으로는 대토지 소유와 그것을 가능케 하는 정치·경제행위들, 간접적으로는 승자독식의 경제운용 등등 - 를 곰곰이 살피면, 언약법이 처참하게 무시당하는 것을 알게 됩니다. 이는 하나님의 마음이 짓밟히는 것을 의미합니다. 하나님을 모르는 세계에서야 당연한 것이지만, 교회의 '땅' 이해와 그 사용을 보면 교회로부터도 거절당하고 있음이 확실해 보이니 이를 어찌해야 하겠습니까!

⑦ 방도

언약의 정상적 가동은 그 사회에 충만한 기쁨을 가져오게 됩니다. 하나님으로부터의 은혜와 인간으로부터의 은혜가 어우러지는데 어찌 기쁨이 없겠습니까!

예물 드리는 법

죄의 자각이 있은 다음에는 그것을 해결해야 합니다. 1~3장은 그 해결이 '안수'에 있음을 밝히고 있습니다. 죄인이 안수하여 '대신' 잡은 희생 제물을 하나님께서 인정하시고 효력을 발생토록 하는 것입니다.

그는 번제물의 머리에 안수할지니 그를 위하여 기쁘게 받으심이 되어 그를 위하여

속죄가 될 것이라(1:4).

  죄로 인하여 컬컬해진 사람과 하나님의 마음이 시원케 됩니다. 그러므로 기독교의 '안수'는 대단히 중요합니다. 죄의 전가교리를 인정하는 이마다 그리스도의 구속에 참여하게 됨을 확인하게 됩니다. 그리스도를 믿음은 우리를 위한 희생 제물이신 그분에게 '안수'하는 일이기 때문입니다.

  서원예물 드리는 법

  레위기 27장은 서원예물에 대한 규례로 시작됩니다. 그러나 그것은 형식일 뿐이고 우리에게 지시하고자 하는 바의 핵심은 '무르기'(히, 고엘)입니다.

  사회·경제적 이유에서, 또는 사회·경제적 생산물에 대한 법의 준수에 있어서, 그것이 하나님께 드리어지는 경우라 할지라도 반드시 '무르기'가 허용되어집니다.

  이것은 매우 이례적으로 들릴 일입니다. 오늘날도 하나님 앞에 약속된(서원된) 헌물이라면 반드시 드려야 하는 것으로 인식되는데, 감히 신의 나라에서 '무르기'가 정식으로 허용된다는 점은 놀랍습니다. 하나님께 약속된 것이라 할지라도 '무르기'(원상회복)가 허용되는 것인데, 어찌 인간사에 무르기가 없겠습니까? 이것이 우리에게 교훈하는 바입니다.

  너희 기업의 온 땅에서 그 토지 무르기를 허락할지니(25:24).

이와 같은 점을 그 백성들 모두가 인식하고 있을 때, 희년은 마찰 없이 시행될 것입니다. 혹시라도 '무르기'에 대하여 주변 세계의 법을 들이대며 날강도라고 그 법을 내신 하나님을 저주하게 되면 모세시대에는 돌로 쳐 죽임을 당했으나, 이제는 "이 무익한 종을 바깥 어두운 데로 내쫓으라 거기서 슬피 울며 이를 갈리라"는 영영한 선고를 듣게 될 것입니다.

⑧ 레위기의 주제

언약 백성의 거룩성과 관련하여 제사장–대속죄일–안식년·희년, 이 세 가지 기둥은 매우 중요하여 레위기의 주제를 구성합니다. '제사장(들)은 대속죄일과 안식년·희년을 성실히 가르치고 책임 있게 시행하여 언약 백성으로 구별되게 하라!'

도표 1 레위기의 구조

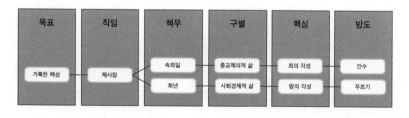

2. 안식일의 의미

레위기에 안식일 규례는 불과 한 절에 지나지 않습니다(23:3). 이는 언약에 대해 곳곳에서 강조하고 있는 점을 고려해볼 때 놀라운 일입니다. 하지만 바로 이 점이 우리가 안식일에 대하여 살펴야 하는 참된 이유가 됩니다.

1) 안식일의 포괄성

여러 곳에서 안식일을 지키라[72]고 하지만, 그 실제적 내용에 있어서는 안식년 · 희년에 대한 규례가 기록될 뿐입니다. 뿐만 아니라 대속죄일 또한 안식일이라 지시합니다.

이는 너희에게 안식일 중의 안식일인즉 너희는 스스로 괴롭게 할지니 영원히 지킬 규례라(16:31).

도표 2 언약시스템 운용

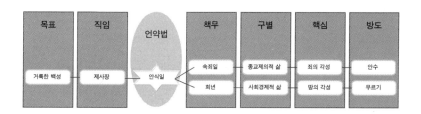

과연 레위기가 전하는 안식일의 의미는 무엇일까요? 앞서 대속죄일이 모든 제사를 그리고 안식년 · 희년이 모든 절기들을 대표한다고 말씀 드렸습니다. 그래서 더더욱 '안식일 중의 안식일'이란 표현이 눈에 띄고 희년 규례에 시선이 가는 것 같습니다.

---

72 예를 들어, 19:3, 30, 26:2 등.

레위기 저자인 모세는 안식일의 두 가지 측면을 깨닫도록 하는 것
같습니다. 종교·제의적 측면과 사회·경제적 측면, 이 두 가지가 언약
법인 안식일 준수에 있어서 핵심 되는 사항임을 전하고자 했던 것 같
습니다.

레위기가 전하는 안식일의 두 측면이란 언약서에서 안식일 계명이
주어지는 두 본문의 차이를 통해서도 확인될 수 있습니다.

① 출 20:8~11

명령	안식일을 기억하여 거룩하게 지키라
방도	엿새 동안은 힘써 네 모든 일을 행할 것이나 일곱째 날은 네 하나님 여호와의 안식일인즉 너나 네 아들이나 네 딸이나 네 남종이나 네 여종이나 네 가축이나 네 문안에 머무는 객이라도 아무 일도 하지 말라
이유 설명	이는 엿새 동안에 나 여호와가 하늘과 땅과 바다와 그 가운데 모든 것을 만들고 일곱째 날에 쉬었음이라 그러므로 나 여호와가 안식일을 복되게 하여 그날을 거룩하게 하였느니라

위의 내용을 살펴보면, 거룩(구별)하게 지켜져야 할 내용은 '쉼'에 있
습니다. '쉼'은 그 의미에 있어서 창조의 완전성을 지시합니다. 그러므
로 이스라엘 백성들에게 있어서 안식일은 하나님에 대한 찬미의 날(제
사·예배)이 됩니다. 왜냐하면 창조의 때에 하나님은 완전하게 창조된

이 세상을 관리하고 다스릴 자로 사람을 지으셨고, 그들에게 복을 주어 특별히 에덴으로 이끄셨기 때문입니다.

이것이 이스라엘 백성들에게는 강력한 유비가 됩니다. 창조의 하나님은 이스라엘을 가나안으로 이끄셔서 그곳을 다스리고 관리하도록 복을 주셨습니다. 그러므로 위의 안식일 계명은 종교·제의적 차원에서 하나님 섬김에의 동기를 제공하여 줍니다.

② 신 5:12~15

명령	네 하나님 여호와가 네게 명령한 대로 안식일을 지켜 거룩하게 하라
방도	엿새 동안은 힘써 네 모든 일을 행할 것이나 일곱째 날은 네 하나님 여호와의 안식일인즉 너나 네 아들이나 네 딸이나 네 남종이나 네 여종이나 네 소나 네 나귀나 네 모든 가축이나 네 문 안에 유하는 객이라도 아무 일도 하지 못하게 하고 네 남종이나 네 여종에게 너 같이 안식하게 할지니라
이유 설명	너는 기억하라 네가 애굽 땅에서 종이 되었더니 네 하나님 여호와가 강한 손과 편 팔로 거기서 너를 인도하여 내었나니 그러므로 네 하나님 여호와가 네게 명령하여 안식일을 지키라 하느니라

출애굽기와는 조금 달리 기록되어집니다. 먼저 가장 눈에 띄는 점

은 방도에 있어서 '아무 일도 하지 못하게 하고 … 너 같이 안식하게 할지니라'는 대목입니다. 이는 '쉼'의 당사자가 될 뿐더러 안식의 시행자가 될 것을 말해줍니다. 즉, 쉼의 사회화라고나 할까요? 쉼은 개인에게서 머물지 않고 사회 전반으로 확대되어야 함을 지시합니다.

왜 그럴까요? 하나님은 이스라엘의 '해방'을 위해 친히 일하셨다고 그 이유를 제시합니다. '쉼'을 빼앗아간 권력자의 압제로부터 해방으로 이끌었고, 그래서 그 해방과 자유함이 세상과 구별케 하는 이스라엘의 큰 특징이 되고 있습니다.

그러므로 어떻게 안식일을 지켜야 할까요? 모든 속박으로부터의 해방과 쉼이 사회 저변으로 확대될 수 있도록 지켜져야 합니다. 앞서 '무르기'와 관련한 구절은 이 경우와 일치합니다.

너희 기업의 온 땅에서 그 토지 무르기를 허락할지니(25:24).

내가 영향력을 행사할 수 있는 모든 영역에서, 그것의 시행을 위해 허락할 수 있어야 합니다. 이것이 그 '명령'을 준수하는 길입니다. 그러므로 안식일 계명은 사회 · 경제적 수준에서 또한 지켜져야 할 '명령'이 됩니다. '네게 명령한 대로 … 명령하여 안식일을 지키라 하느니라'.

2) 건전한 안식일 준수

고대세계인 당시나 지금이나 안식일 개념에서 사회 · 경제적 의미는 삭제하고 오직 종교 · 제의적 수준에서만 지켜내려는 것 같습니다. 그러나 '거룩함'이 목표요, 그 거룩함의 의미를 '구별됨'에서 찾는다면,

안식일 준수에 있어서 사회·경제적 차원을 외면해서는 안 됩니다.

이스라엘 사회가 지속적으로 우상숭배에 빠져든 근본 원인에는 '탐욕'이 자리합니다. 그 마음에 탐욕이 자리하고, 그 사회가 탐욕적 질서로 빠져들면, 그 종교성도 탐욕으로 치우쳐 현세구복적일 수밖에 없습니다. 그런 다음에야 누가 창조의 완전성을 기억하겠습니까? 이 세상이 전부일 뿐이어서 결국 전능자(히, 엘)의 자리에 여호와 대신 바알을 앉히게 됩니다.

그러니 안식일의 두 축, 종교·제의적 차원과 사회·경제적 수준이 온전해야 참된 섬김과 거룩성에 다다를 것입니다.

이것을 예수님의 표현으로 하자면, 회개함 없이 하나님 나라에 들어가려는 것과 같습니다. 거룩한(?) 종교제의에 탐욕을 숨기는 일은 가능하기에 얼마든지 떳떳이 출입할 수 있습니다. 하지만 안식년과 희년을 들이대보면 그가 진정 떳떳할 수 있는 것인지가 금방 판명되지 않겠습니까!

오늘날 안식일의 종교·제의적 차원은 더 이상 유효하지 않습니다. 실체가 와서 개혁[73]해 버렸기 때문입니다. 이제 안식일의 사회·경제적 차원은 그래서 더더욱 중요해졌습니다. 그러므로 희년에 대하여 들어야 할 것입니다. 하나님을 경외하기 위하여!

---

73 이런 것은 먹고 마시는 것과 여러 가지 씻는 것과 함께 육체의 예법일 뿐이며 개혁할 때까지 맡겨 둔 것이니라(히 9:10). 특히 '이런 것'과 관련하여서는 9:1을 참조.

3. 희년의 실천

25:23에 "토지는 다 내 것임이니라"는 여호와 하나님의 소유권 선포를 듣습니다. 여기에 기록된 토지는 하나님의 창조된 모든 세계를 의미하지 않습니다. 25:2 '…너희는 내가 너희에게 주는 땅에 들어간 후에…'라는 구절을 함께 고려해 보면, 언약 백성에게 약속된 가나안 땅이 됩니다.

혹자는 광의적으로 전 세계를 상정해 볼 수 있는 것 아닌가 하여 굳이 협의적(?)으로 이해하려는 의도에 대해 수긍할 수 없다고 할런지 모르겠습니다. 하지만 그렇게 되면 신약과 엇갈릴 수가 있습니다.

마귀가 또 예수를 이끌고 올라가서 순식간에 천하만국을 보이며 이르되 이 모든 권위와 영광을 내가 네게 주리라 이것은 내게 넘겨 준 것이므로 내가 원하는 자에게 주노라(눅 4:5~6).

물론 마귀의 말을 곧이곧대로 들을 수는 없겠으나, 적어도 예수님에게 거짓된 말을 가지고 유혹하고자 했다면, 그렇게 생각하는 편이 더 우스울 것입니다. 마귀는 천하만국에 대한 소유권을 주장할 수 있습니다. 사도 바울도 "우리의 씨름은 혈과 육을 상대하는 것이 아니요 통치자들과 권세들과 이 어둠의 세상 주관자들과 하늘에 있는 악의 영들을 상대함이라"(엡 6:12)고 분명히 밝히고 있기 때문입니다. 그가 표현하는 것은 이 세상의 실질적 소유권자들입니다.

가나안 땅 또한 실효적 지배권은 그 거류민들과 그 배후에 있는 마귀에게 있었습니다. 하지만 하나님은 이스라엘을 그들이 생각할 수 없는 방식으로 이끌었으며, 그들이 가진 자원을 통하지 아니하고 그 땅을 정복케 했습니다. 실로 이스라엘은 그 땅을 그냥 주은 것이나 다름 없어서 그 토지에 대한 소유권은 하나님께 있게 되었습니다.

그러므로 희년과 관련된 기독교적 운동들은 방향[74]을 바로 잡아야 합니다. 너무나 성급하게 세상 속으로 밀어붙이려 하는 것 같습니다. 하나님의 일차적인 관심은 세상이 아니라 교회입니다. 교회가 희년에 관심이 없는데 어찌 세상 속에 이식될 수 있겠습니까? 교회가 희년을 모르는데 어찌 세상이 희년에 대해서 들을 수 있겠습니까? 언약 백성들을 일차적 목표로 하여 희년은 선포되어야 합니다.

1) 회개를 요구합니다.

"토지는 내 것이라" 하시면서 희년을 명하시는 하나님의 의도는 무엇일까요? 앞서도 밝혔지만, 그 의미는 사회·경제적 측면에서 찾을 수 있습니다. 가나안 땅은 탐욕에 기초한 사회·경제적 시스템에 의해 운용되어졌고, 그 시스템으로는 온 땅과 사람을 지으신 창조주 하나님을 대변할 수 없었습니다. 그렇기에 가나안 땅은 언약의 땅으로서, 창조의 하나님을 대변할 수 있도록 새로운 사회·경제시스템이 운용되어져할 필요성이 있었습니다.

이것이 교회의 회개 내용에 있어서 사회·경제적 삶이 간과될 수 없

---

74 그러나 그러한 분들의 노고를 치하하고 교회가 또한 밀어야 할 것이다. 왜냐하면 그 사회와 법 체계에 있어 희년의 정신을 잇는 것은 성도의 삶과 직결될 뿐더러 하나님의 자비가 온 세계에 퍼져가야 하기 때문이다.

는 이유입니다. 도적질-간음-거짓말 등 윤리·도덕적 범주에 저촉되지 않는다면 특별히 회개할 것이 없다고 생각하는 것 같습니다. 하지만 하나님은 팔레스타인 땅에 경제의 시스템을 바꿔버린 것입니다.

교회는 자본주의가 마치 하나님의 법과 일치하는 양 아무런 의심 없이 수용합니다. 내가 벌어 내가 쓰는데 무슨 왈가왈부냐는 식으로 도리어 색깔 논쟁으로 매도합니다. 그래서 멀어지는 것은 하나님의 말씀인 데도 깨닫지를 못하고 있습니다.

다시 한 번 말씀 드리지만, 나는 사회를 말하고 있지 않습니다. 교회를 말합니다. 교회만큼은 자본주의가 아닌 하나님의 법으로 운용되어져야 하는 것이고, 그렇게 되기 위하여 자본주의가 하나님의 법으로부터 먼 것임을 깨닫게 되기를 원하는 것입니다.

우리는 구별된 하나님의 백성으로 살도록 지음 받았습니다. 에베소서 2장 2절의 진술은 단지 종교·제의적 측면을 말하는 것이 아닙니다.

그때에 너희는 그 가운데서 행하여 이 세상 풍조를 따르고 공중의 권세 잡은 자를 따랐으니 곧 지금 불순종의 아들들 가운데서 역사하는 영이라.

이 세상 풍조란 영적, 사회·경제적 제반의 모든 영역을 가리킵니다. 복음은 모든 영역에서 우리를 구원하는 능력이 있으며, 그렇기에 모든 영역에서 하나님의 다스림에 순복함을 요구합니다.

이제 교회는 승자독식의 사회에서 체득된 모든 사회·경제적 질서로부터 돌아서야 합니다. 희년적 삶으로 방향 전환해야 합니다. 세례 요한이 요단강가에서 회개를 요청하였고, 그 앞에 나아온 이들이 회개에 합당한 열매를 맺고자 어떻게 해야 하는가라고 물었던 것처럼, 교회의 성도들은 물어야 합니다. 그러고는 세례 요한의 답변처럼 행하기를 힘써야 합니다.

옷 두벌 있는 자는 옷 없는 자에게 나눠 줄 것이요 먹을 것이 있는 자도 그렇게 할 것이니라(눅 3:11).

세례 요한은 정확히 희년적 삶을 지시했던 것입니다. 그렇기에 예수님 또한 갈릴리 회당에서의 첫 설교가 희년의 선포[75]였습니다.

이렇게 세례 요한과 예수님이 희년 주제로 연관되어 있음을 생각해 보면, 누가복음과 사도행전이 우리에게 전하는 복음의 핵심 메시지를 깨달을 수 있습니다. 그것은 희년의 회복(또는 시행)이고 희년적 삶을 살아가는 것입니다. 사도행전이 증거하는 초대 교회의 모습은 정확히 희년의 시행에 있습니다. 이것이 회개와 믿음을 통하여 나타나게 된 (도래하는) 하나님 나라의 정경이었습니다.

세례 요한 – 예수님 – 사도들의 뒤를 이어 교부들과 감독을 비롯한 교회 지도자들의 희년에 대한 가르침과 시행은 초대 교회의 급격한 팽창을 가져왔고, 마침내는 로마제국의 종교가 되었습니다. 오순절 교회 공동체의 급격한 팽창이 로마제국의 심장부에서도 동일하게 일어났던 것입니다.

우리는 교부들에 대해 알고 있는 것이 너무나 제한적인 것 같습니

---

75 눅 4:16~21

다. 신학적 교리 논쟁이 전부인 양 들어왔지만, 교회의 교회다움과 관련하여서 교부들은 사도들의 뒤를 이어 훌륭하게 희년적 삶을 설교했으며, 친히 모범이 되어 교회를 지도해왔던 것입니다. 오리겐의 스승인 알렉산드리아의 클레멘스가, 갑바도기아의 대 바실리우스가, 암브로시우스가, 황금의 입으로 알려진 요한 크리소스톰이, 어거스틴이 경제 사상과 소유권 문제에 있어서 희년적 삶을 강력히 설교했습니다.[76]

오늘날 교회가 다시금 희년적 삶을 설교할 수 있게 되기를 소망해봅니다. 믿음은 들음에서 난다고 했던가요? 설교가 달라지면 회개와 믿음의 참된 열매를 얻게 될 것입니다.

2) 믿음을 요구합니다.

희년은 법으로 강제하기가 참으로 어려울 것입니다. 무엇보다 법을 집행하는 주체들은 이미 기득권자요, 많은 것을 가진 자들이기에 희년의 시행에 대해 소극적일 수밖에 없습니다. 이러한 요인들은 희년의 시행을 어렵게 합니다. 따라서 구약 역사에서 희년의 시행 여부에 대해서는 알려진 것이 매우 적습니다.

하지만, 몇몇 이야기를 통하여 희년의 흔적을 발견하게 됩니다. 룻기의 대 반전에 나타나고, 나봇의 포도원을 쟁취하려는 아합의 이야기 속에서 발견됩니다. 우리는 이러한 이야기들을 통하여 희년은 법적으로 강제한다고 되는 것이 아님을 깨닫게 됩니다. 믿음의 헌신이 중요한 것 같습니다. 믿음에 담대하여져서 그 말씀에 자발적으로 헌신하

---

76 찰스 아빌라, 『초대교부들의 경제사상 소유권』, CLC(이 책은 번역이 다시 되었으면 하는 바람을 가진다.)

며 그리고 적극적으로 그 말씀을 붙들어야 운용될 수 있습니다.

그런 의미에서 초대 교회는 우리의 모범이 될 만합니다. 지도자들이 자발적으로 소유를 팔아 교회 앞에 내놓고 있습니다. 뿐만 아니라 부당한 대우에 대해서는 적극적으로 그것의 시정을 요구하기도 합니다. 이는 다 하나님 앞에서의 믿음을 보여주는 것입니다.

앞서 룻기를 언급했지만, 룻의 시모 나오미가 룻을 통하여 한 일이 무엇입니까? 희년에서 규정한 대로 시행할 것을 보아스(친족 중 한 명으로서)에게 적극적으로 요구하였던 것입니다.

3) 생존권을 보장하는 일입니다.

언약 백성들에 대해 예수님은 하나님의 자녀라는 표현을 씁니다. 그래서 교회는 하나님의 가정 식구(권속)로 세상에 존재합니다. 가정 식구에게 중요한 것이 무엇이겠습니까? 희년은 그것을 지시하여 줍니다.

앞서 희년의 세 기둥은 주기도문의 세 가지와 정확히 일치한다고 말씀 드렸습니다.

종의 해방(보호) - 부채 탕감(죄사함=빚청산) - 토지반환(하루치 양식)

다시 되새김질 하는 이유는 교회가 외면하고 갈 수 없다는 점을 확실히 하기 위함입니다.

오늘날 개인과 가정의 생존권이 심히 취약해져 가고 있습니다. 중산층이 허물어진다고 아우성입니다. 이미 8퍼센트가 하류인 사회가 되었다고 합니다. 경제적 이유로 자살하는 안타까운 주검들이 늘어만 가고 있습니다. 구제역 파동에 수십만 마리의 가축을 생매장해야 했지만(이것 또한 너무도 안타까운 일이지만), 수백만, 수천만의 사람들이 생매

장으로 내몰리는 사회는 얼마나 더 큰 비극입니까!

희년의 시행은 이방 세계로부터 그 백성들을 구별케 해줍니다. 오늘날 교회가 희년의 정신을 잇는다면, 교회는 하나님이 없다고 하는 세계의 빛이요 소금으로 드러나게 될 것이며, 성도들은 존귀한 이름을 얻게 되어 하나님께 영광을 돌리게 될 것이 분명합니다. 교회는 달리 세상을 위해서 한 것이 없다 할지라도, 이전에 세상을 위하여 뭘 한다 하던 때에 얻지 못하던 존귀를 얻게 될 것입니다. 그러니 희년의 시행은 얼마나 시급합니까!

예전에 어느 대형 교회의 건축 자금이 500억이었다는 얘기를 들었습니다. 그 500억이 얼마나 큰 것이며, 얼마나 귀한 것인지를 한번 생각해 보았으면 합니다.

*500억 예배당의 경우, 만 명 성도라고 하면 4인 가족 기준 2천 500세대. 사회 통계적으로 볼 때 그 교회의 빈곤층은 20퍼센트로 500세대 2천명. 각 세대에 1억씩을 나눠준다면 어떤 일이 일어날까요? 그것은 전세자금, 또는 사업자금일 수도 있을 것입니다. 그러면 과연 어떤 일이 벌어질까요?

개혁주의영성아카데미(RSA)는…
The Academy of Reformed Spirituality

RSA는 목회자와 평신도에게 성경적 영성을 가르치며, 개혁주의 영성신학을 정립시켜서 한국 교회의 부흥과 세계 선교에 기여하려는 목적으로 세워진 교육 및 학술 기관입니다.

RSA에서 지향하는 개혁주의 영성의 두 기둥은 기록된 계시의 말씀과 십자가입니다. 기록된 말씀을 통하지 않고는 하나님을 알 수 없으며, 십자가의 은총이 아니면 하나님을 만날 수도 없습니다. 말씀과 십자가가 없으면 하나님과의 교제가 불가능하다는 전제가 개혁주의 영성의 출발선입니다.

이런 성경적인 영성관을 바탕으로 세워진 RSA의 4대 이념은 다음과 같습니다.
▶ 1. 개혁주의 영성신학 정립   2. 성경 중심의 영성 증진
   3. 십자가 영성 회복   4. 교회 부흥과 세계 선교

RSA는 다음과 같은 사역들로 한국교회를 섬기겠습니다.
▶ 1. 매년 봄·가을학기 강좌   2. 학술 심포지움
   3. 신학생 논문 공모   4. 교사 및 구역장 영성 집회
   5. 목회자 영성집회   6. 개혁주의 영성 저널 발간

RSA는 교회 부흥과 세계 선교를 위해 다음과 같은 미션 프로젝트를 추진합니다.
▶ 1. 좋은교회 만들기 111운동 │ 1구좌 1만원씩 후원하는 1만 구좌로 작은교회에 희망을 심어주는
                             운동
   2. 익두스 카미션 │ 일시 귀국한 선교사들과 작은 교회에 차량을 지원해 주는 사역

후원방법
후원구좌: 국민은행 843101-04-227814(개혁주의 영성아카데미)
홈페이지: http://www.rsa.or.kr 방문 후 후원 등록
문의: 010-2636-2633(송삼용)